Renate Thümmel

Locker gefädelte Kette

Gedichte, Träume, Trommelbilder

Für meine Kinder und Enkel

Bibliografische Information der Deutschen Nationalbibliothek:
Die Deutsche Nationalbibliothek verzeichnet diese Publikation in der
Deutschen Nationalbibliografie; detaillierte bibliografische Daten
sind im Internet über www.dnb.de abrufbar.

Satz und Gestaltung: Grafikatelier Antje Köhler, Eschwege

Bilder: © manun - photocase.com, © Cernasite - photocase.com,
© jonibe.de - photocase.com, © jonibe.de - photocase.com,
© Fotoline - photocase.com, © MMchen - photocase.com,
© Robbic - Fotolia.com

Herstellung und Verlag: BoD – Books on Demand, Norderstedt

ISBN: 9783732290321

Auf jeder Perle der Kette
blinkt ein Fünkchen
meines Spiegelbildes,
der unscheinbare Faden
meines Lebens aber
hält die Kette zusammen.

Vorwort

Die Bilder und Gedanken – auch die dazugehörigen Gefühle – kommen nicht von mir, sie verfangen sich in mir wie Fische oder Vögel in den Netzen meiner offenen Herz-Augen. Um sie wieder frei zu lassen, muss ich sie in genau zu ihnen passende Worte kleiden. Dann können sie auch in unserer Welt davon schwimmen oder davon fliegen.

Ein **Gedicht** wählt aus, konzentriert, bringt auf den Punkt. Nur die wesentlichsten Gedanken und Gefühle werden im Bild zusammen-gefasst und abgerundet. Ist ein Problem, ein Leid oder auch ein Glück zum Gedicht geworden und aus meinem Innern heraus gestellt, kann ich es als Erfahrung los lassen. Im Gegensatz zum Durchdenken und Argumentieren bekommt es durch Rhythmus und eventuell durch Reim etwas Fließendes, Leichtes. Es ist nicht mehr an mein inneres Schattenreich gebunden, es kann für sich allein stehen, draußen ... Dies schrieb ich einmal und finde heute noch, dass das für mich stimmt.

Träume haben seit meiner Kindheit bis heute eine wichtige Rolle für mich gespielt. Sie überraschen mich oft mit fremden Szenarien oder Welten und tiefen Gefühlen. Sie wirken auch in den Alltag hinein und beeinflussen seine Stimmungen und meine Überzeugungen. Sie sind oft so erstaunlich, dass ich sie nicht wie in Kindertagen »als Kino im Bett mit mir selbst in der Hauptrolle« abtun kann.

Als **Trommelbilder** möchte ich die vielen Erlebnisse bezeichnen, die in veränderten Bewusstseinszuständen zu mir kamen, seien diese nun durch intensives Atmen (holotropes Atmen nach Grof), durch Tanzen, Musik oder durch schamanisches Trommeln usw. ausgelöst worden. Oft bin ich dann »zu Gast in einem anderen, fremden Leben« und erfahre in Bildern Wirklichkeiten, die für mich überraschend, oft sehr realistisch und viel gefühlsintensiver sind als meine normalen Alltagserfahrungen. Sie finden alle im Augenblick des »Hier und Jetzt« statt. Ich kann sie willentlich nicht beeinflussen.

In all diesen »Erlebnissen« stecken aber auch eindrucksvolle Lehren und oft ein Fünkchen Humor – ich muss es nur entdecken – , die mir dazu verhelfen, mich selbst nicht so wichtig zu nehmen.

Deshalb auch der Entschluss, mein bisher geheim gehaltenes Fach mit all diesen Schätzen zu öffnen und sie weiter zu reichen.

Man darf also auch Spaß haben beim Lesen!

In diesem Sinn: Wundern und freuen Sie sich mit mir!

Lichtgeschenke

Tautropfen, Wiesendiamanten,
blitzen an Gräserspitzen und Spinnennetzen,
funkeln mit Regenbogenstrahlen
an allen Halmen in der Morgensonne.

Regentropfen, Baumjuwelen,
schimmern silbern nach dem Regen
an Zweigen und Tannennadeln,
spiegeln das Licht in großen
quecksilbrigen Tropfen
auf dem Herbstlaub im Gras.

Entzückende Augenfreude,
erfrischende Seelenlabsal,
belebende, sanfte Lichtgeschenke
von Himmel und Erde.

Frühe Gedichte

November

Über fahles Winterwiesengrün
weht kristallner kalter Wind
Um Buchensilbersäulen
tanzt rostrotes Laub.
Durchs Filigran des
schwankenden Gezweigs im Wald
quillt Rot und Gold
aus Sonnenuntergansgewölk.
Darüber klar, kaltblau und fern
der Abendhimmel.

Dank

Ich fall entzückt in jedes Bild,
das deine Schönheit, Erde,
meinen Sinnen zeigt.
Und so wie sich die Biene
aus den Blüten hebt,
beschwert mit Süße
und mit goldenem Staub,
so hebt sich dir mein
volles Herz zum Dank.

Herbstahorn

Kleine goldene Drachen
ausgespannt dem Wind
hängen seine Blätter
flugbegierig zitternd an den Zweigen.
Ach, nur wenige steigen auf
im Wirbelreigen –
himmelhungrig wie sie sind – !
Viele werden schwankend rinnen,
gelbes Rieseln, sachter Laut,
spielen mit den Sonnenfäden,
die der Herbstduft spinnt,
im Kraut.

Sommermorgen

Tautropfen schimmern
silbern im Moos,
blitzen zitternd an Gräserspitzen
heute wird ein schöner Tag.

Ich feiere eine glühend rote Rose

Mozarts Violinkonzert.
Der bewegte Schein der Stäbchenkerze
lässt die Rose glühen und leuchten,
sie ist ein lebendiges Geheimnis.

Schatten wachsen wie dunkle Hände
und sich wiegende Schlangen
aus dem noch verhüllten Grund,
tanzen wehend hin und her
vor den durchscheinenden
purpurnen Blütenblättern.
Schwarze Nebel steigen
aus blutdurchpulsten Schluchten
samtiger Felswände.

Die Ränder der Blütenblätter
rollen sich leidenschaftlich
lebendig zurück, ihre Wölbungen
wie Falten schweren, tiefroten Samts
schimmern bestreut mit unzähligen
winzigen Kupferstäubchen.
Mozarts Musik und Dunkelheit
ringsum, nur die Rose
flammt und glüht, sie zieht mich
magisch an.

Zart umweht von ihrem kühlen Duft
sinke ich in die wallende Röte,
ich stürze, ich falle in glühende,
aus Urgründen wachsende Schluchten:
rubinenes Licht erst,
dann blutig wallende Dämmerung
dann rot durchglühtes Dunkel
weich und kühl.
Ich kreise, werde gewiegt
vom Herzschlag der Blüte,
sinke tiefer in herbes Dunkel.
Nur noch wie Abendleuchten
über einem tiefen Brunnen
rieselt weicher Schein.
Dann nur noch Nacht,
tönende, schwellende
klingende, rauschende Nacht.

Ich wache auf, das Konzert ist zu Ende,
die Kerze ist tief herab gebrannt,
über ihr schwebt die glühend rote Blüte.
Ich habe eine Rose erlebt!
Danke.

Nebelmorgen am Strand

Milchweiße Nebel
rollen auf langen Wellenrücken.
Gedämpft verrauscht
das dunkle Kristall im Ufersand,
in dessen kühle Feuchte über Nacht
unzählige Vogelfüße
verschlungene Namen und Zeichen schrieben.

Im wallenden Leuchten der Nebelbuchten
stehen zaghaft und reglos Badende.
Sie ragen aus dem schwingenden Wasser
wie Bäume, jeder einsam und verwundert
in diesem weißen Geheimnis.
Kein Laut, nur ein Kind weint, es friert.

Einsam auch ich, weit draußen, allein.
Gewiegt von den Wellen, von Nebeln gestreift
Ursein unter Brüdern – rauscht Blut oder Meer?
Aufspringt mein Herz wie ein schwarzer Ball,
fällt zitternde Ringe verbreitend zurück in die Brust:
Geist über den Wassern – ein riesiger Vogel
hat mich mit dunklen Schwingen berührt –
nur eine Möwe!

Da dringt durch das lichtweiße Wehen
zitternd die bleiche Sonnenscheibe.
Ins Meer sinkt ganz langsam
eine Goldstaubwolke.

Traum

Blick herab aus weiter Höhe:
Des Erdballs gewölbte Schale
schwebend im blauen Raum
weit, leer, mit scharfen Strichen
in Quadrate geteilt,
bedeckt mit weißem glitzernden Sand ...
Verwandlung
Losgelöstes Schauen:
Im gewölbten Netz der Quadrate
regt sich plötzlich Leben,
auf jeder begrenzten Fläche
bewegt sich ein Mensch,
beginnt zu graben,
gräbt aus dem Sand Fels und Erde
und lebendiges Wasser,
schafft Blumen, Gras und Baum ...

Verwandlung
Schmerzhaftes Miteinbezogen-Sein:
Ich grabe, grabe im Sand
und stoße nur auf blauen Fels,
keine Erde, kein Wasser!
Ich grabe und weine.
Im Fels erscheint ein schmaler Spalt
mit Krumen brauner Erde darin.
In ihnen regt sich Leben,
eine zarte rote Blume wächst auf.
Ich schaue und weine ...

Verwandlung
Lähmender Schrecken
Der Sandwall um mein Stück
ausgegrabenen Fels beginnt zu wachsen.
Unaufhörlich rinnt Sand von seinen Rändern nieder,
ich beginne zu kämpfen,
einen Kampf mit wachsendem Sand
um die rote Blume.
Ein schwarzer Vogel
kreist über dem Sandwall
und lässt ihn anwachsen.

Noch knie ich auf blauem Fels
vor dem lebendigen Wunder.
Ich atme mit klopfendem Herzen,
meine Hände umbeten die rote Blume,
meine Augen bestaunen ihre Einmaligkeit.
Wann wird der Schatten des kreisenden Vogels
wie lähmender Schreck auf mich fallen?
Wann wird unter seinem flügelschlaglosen Kreisen
der rinnende Sand die Blume und mich bedecken?

Weitergeträumt
Und doch ist alles nicht wesentlich.
Ist Leid, ist Glück, ist Kampf umsonst?
Ist alles nur Atmen des Lebens, nur Flammen,
damit aus Stoff Leuchten wird?
Was bleibt, wenn die Uhr meiner Welt steht?
Nur die rote Blume
ist aus der Kapsel meiner Brust gefallen.
Habe ich für sie geatmet und gebrannt? ...

Auch das ist nicht mehr wesentlich,
auch nicht der Name des dunklen Vogels.
Seine Fänge durchgreifen meinen mürben Rücken,
er reißt mich los, trägt mich ins Blau,
in dem Steigen und Fallen, Oben und Unten eins sind.

Wesentlich ist nur noch
mein Sturz in die Sonne.

Geborgene Verlorenheit

Vor Morgengrauen auf schwarzem Wellenrücken treiben
als auf- und nieder schwingendes Teilchen des Meeres –
Augen nicht schauend, ins wolkige Grau des Himmels gerichtet –
Starre Bergblöcke und Klippen ragen urschwarz, umgischtet,
verankertes Schicksal –
Still gewiegt auf langen Wogen treiben ...

Mutter ...

... auf deinem Arm war ich groß wie du
und brauchte mich vor nichts zu fürchten –

... an deine Wange angeschmiegt,
sah ich die Welt mit deinen Augen –

... auf deinem Schoß gewiegt, an dich gelehnt,
war ich geborgen und von deinen Liedern
und Märchen verzaubert –

... mit dir zusammen haben wir gespielt,
getobt und Wiese und Wald erobert –

... mit deiner Liebe und Fürsorge als Proviant
an Bord konnte ich die fremden Länder
und Meere der Schule erforschen –

... mit deiner Liebe im Herzen konnte
ich mit meinen Kindern glücklich sein –

... ich hoffe, dass ich auch für dich
in deinen dunklen Stunden ein Halt war!

Kette der Erinnerungen

Tote Mutter, deine Augen
strahlen im Lachen meines Kindes.
Tote Mutter, dein Glück
glüht auf den Wangen meines Kindes.
Tote Mutter, deine Angst
hebt mein Kind in seiner Hand zur Brust.
Tote Mutter, aber deine Liebe
wird mein Kind seinem Kind schenken.

Der Tauerbaum

Dein Schatten über mir ist kalt,
deine bitteren Wurzeln greifen
in meine Glieder,
sie saugen mir die Lust aus,
sie lähmen meine Tatkraft.
Ich muss dich ausreißen aus mir,
meine roten Blumen gedeihen nicht
mit Tränenwasser gegossen
und kalt überschattet ...
Ich kann dich nicht in mir gebrauchen,
ich habe fünf Kinder, wir wollen leben!

Vater

Ich geb mir große Mühe,
dir dein Sterben
so mühelos zu gestalten
wie ich kann;
doch deinen Tod
kann ich dir nicht verwalten,
er ruht in dir,
du musst ihn selbst erwerben –
so lange halt ich unsere Uhren an.

Aus den vier Wochen, in denen ich meinen Vater bis zu seinem Tod begleitet habe. Er wollte immer, dass ich ihm die Dosis Medizin gebe, die ihn sterben lassen sollte. Das hat mich sehr belastet.

Erkenntnis

Wenn du Appetit auf Äpfel hast,
iss nur, Eva!
Die Schlange ist weiser
als der alte Mann hinter den Büschen.

Aber du darfst nicht an den Garten
denken, wenn es gilt,
auszutragen und zu verwirklichen.

Der Baum keimt jetzt in dir,
gib ihm die Kraft
deines sehnsüchtigen Herzens!
Er welkt in veräußerten Jahren.

Lass dir nicht einreden,
es sei eine Strafe sich zu verändern!
Du steigst und fällst;
in durchgestandenen Leiden
liegt Wandel und Glück.

Und sei niemals untertan!
Du hast als erste die Angst überwunden
vor der Erkenntnis.
Der alte Mann hat kein Recht,
die Bravheit seines Ebenbildes
mit Macht über dich zu lohnen.

Liebe, was du erkennst –
werde, was in dir wächst –
Es lohnt sich, du selbst zu sein.

Eva, Ahnin

Ich tanze
deine Freude am Sein –
deine Lust auf Neues –
dein Verlangen zu erkennen –
deine Sehnsucht zu teilen –
deine Zaghaftigkeit, dich mitzuteilen –
deine Demut, dich in Arbeit,
Dunkelheit und Gebären zu verlieren –
deine Liebe und Dankbarkeit
für deine Kinder,
für jeden neuen Tag,
deine Liebe zu allen Geschöpfen
und zu dir selbst.

(Tanzseminar)

Verliebt

Sommerball im Windhof
Die Türen zu Terrasse und Rosengarten
öffnen sich weit der lauen Mondnacht.
Wir tanzen die ganze Nacht hindurch,
glücklich selbst versunken und verliebt.
»Sail along silvery Moon ...«

Im zauberblauen Morgendämmern,
– der Mond ist längst hinter Bäumen verschwunden –
bringst du mich mit dem Fahrrad nach Hause.
Ich sitze vor dir auf der Stange deines alten Rades
zwischen deinen starken Armen
und fühle mich dabei genau so glücklich und geborgen,
als säße ich angeschmiegt an meinen Ritter auf seinem weißen Ross
zwischen seinen die Zügel führenden Armen.

Was ist schon Zeit?
Ob heute oder Mittelalter,
Rad oder Ross:
Das ewig Gleiche und Verzaubernde
ist die Liebe in unseren Herzen.
Mondnacht, Musik, Tanz und Rosenduft
sind nur Stimmung schenkendes Beiwerk,
durch die Jahrhunderte gleiche Kulissen für Liebespaare.

Heumondromantik

Ein weicher silberner Dunstsee
liegt im Tal zwischen den Waldhängen.
Bäume, Gräser und die Disteln
auf den Wegböschungen
stehen schwarz und klar
vor dem mondhellen Himmel.
Weiße lichte und rauchig dunkle Wolken
treiben vor dem großen blanken Mond.
Es ist so hell, dass die Farben
ein Traumleben beginnen:
Feld und Mohnblüten atmen ganz leise
ihr Grün und Rot.
Das Gras ist taufeucht,
das Grillenvolk zirpt und sirrt.
Wir gehen weich auf dem glatten
Rücken eines Schwalles von
frischgemähtem Gras.

Du bist da, ganz warm und nah,
deine guten Hände, deine lieben Augen.
O ich fange an zu begreifen,
was Liebe ist —

Bezaubernde Erlebnisse sind
all die Abendspaziergänge,
auf denen wir engumschlungen und wortlos
durch sternklare Nächte
mit sich wiegenden Ährenfeldern wandern
bei Nachtigallengesang.
Wir reden wenig, fühlen um so mehr.
Verliebtsein öffnet alle Sinne für die Natur,
macht uns empfänglich und mit allem verbunden.

Selbst rauschender Regen kann
unsere versunkene Zweisamkeit nicht stören.
Wir suchen eine Weile Schutz
unter dem Dach eines Hochsitzes
und gehen dann weiter durch den schauernden Wald,
deine Jacke über dem Kopf als Schutz.
Was können uns schon Nässe und Kälte anhaben?
Wir gehen wie im Traum
den endlos scheinenden Waldweg entlang
durch die Dunkelheit,
lauschen dem Tropfen und Klingen um uns herum
und dem Rauschen des eigenen Blutes in unseren Ohren.

Wir fühlen uns geborgen
im sanften Zwischenreich der Verliebten,
in seinem weichen Schwingen und einer tiefen Ruhe.
Wir sind einfach nur glücklich!

Wollt ihr mir nun was Neues über Sex erzählen?
Etwa vom Entzücken am Körper des Geliebten
und von dem Staunen über all die Empfindungen,
die wir in uns selbst entdeckten?
Wir ließen uns dahintreiben
auf den dunkelroten Wellen der Ekstase
durch den Garten der Lüste,
hingegeben an die vielbesungene »Himmelsmacht«.

Dabei waren wir doch schon bald nicht mehr allein,
denn eine Seele wollte mitspielen,
sich durch das Tor unserer Liebe ins Dasein stürzen
und ein Leben bei uns in unserer Familie beginnen:
Ich war sehr bald schon schwanger.
Die Wandlung vom Liebespaar zum Elternpaar
passierte unmerklich und schnell.

Babys – süße Droge

Kindersegen
Himmels-Geschenke
Unschulds-Engelsaugen
Wesen aus Jenseitswelten
Herzöffner
schlafende Apfelblütenknospen –

Schlafräuber,
Stinkebärchen
schreiende Strampelbündel
Zuwendungs-Forderer
Pflegelust-Erwecker –

lächelnde Gespielen
Finger-Forscher
stramme, rosige Wannenplanscher
zappelnde Freude
Samtbäuchlein
Gesichts-Patscher
Liebespiegel
zahnlose, hungrige Lutschmäulchen
wärmende Kuschelmäuschen
Sternchen
geliebte Lebe-Wesen
Glücksbringer

Warum lauschen?

Aus glücklichem Schauen
bleibe ich stehen
zwischen Wiesen, unter Wolken
und horche
Kommt da ein Schritt?
Aus gutem Gespräch versinke ich,
lasse alle Gedanken fallen
und das Gesicht gegenüber und lausche:
Kommt da ein Schritt?

Ich tanze mit meinem Kind,
der Fuß stockt, die Hand sinkt,
auf Knien drücke ich das zappelde
Jauchzen an mich
und spähe in die leuchtenden Augen
und horche:
Kommt da ein Schritt?

Glück meiner Welt,
darfst du noch dauern?
Darf ich noch lieben? Kein Schritt?
Aus der Stille des Lauschens
kehre ich liebender,
dankbar bewusst zurück.

Aber jetzt weiß ich:
Es komme ein Schritt,
es komme kein Schritt –
Eine gütige Hand liegt mir auf der Schulter.

Mutter Buche

Mächtige Wächterin
an der Pforte dieses Waldes,
ich lege dir Tonka-Duft zu Füßen,
möge der Duft meiner Räucherstäbchen
alle Wesen in deinem Schatten erfreuen,
mögen meine leisen Bitten
mit dem rauschenden Strömen aus der Wurzeltiefe
mit emporgehoben werden,
mögen sie in deiner weiten Krone vom Wind erfasst
und bis zu den Wolken getragen werden! –
Mutter Buche,
mächtige Hüterin dieses Waldes,
ich bitte um Schutz und Segen für dich und mich.

Mein Freund, der Baum

Seine raue Rinde berührt mich
wie eine zuverlässige Hand.
Seine Wurzel krümmt ihr Knie,
dass ich auf ihr ruhe.
Sein Stamm richtet mich auf
durch das tausendfache
Aufwärtsströmen der der Kräfte.
Seine Zweige lehren mich
Vertrauen und Hingabe.

Ach, könnte ich so geduldig gewähren,
mich so in den Himmel hineinbeten
wie er mit all seinen Blättern!
Ich wollte auch so kraftvoll sein
und so ruhig wie er!

Offene Türen

Eingang oder Ausgang?
Der Pendelschlag des Lebens
ist optische Täuschung.

Türen sind immer nur Durchgang
aus alten in neue Räume:

lassen, um zu gewinnen –
annehmen, um lassen zu können –
durchgehen – durchstehen

offen leben
nach außen und nach innen

Yin und Yang

Licht und Schatten,
hell und dunkel,
Liebe und Leid,
eins nicht ohne das andere.

Lernen, beides zu nehmen,
mit beidem zu leben,
für beides zu danken.

Lieben – Leiden – Lernen

Einsamkeit tut Not

Du liegst im Dunkeln und weinst.
Du weißt: Du bist allein.
Du bist einsam und weinst.
Geduld! Weine nur ...

Langsam lass das Weinen verzucken,
sachte, ganz hingegeben
deiner Einsamkeit,
ohne Vorstellungen, ohne Beschuldigungen ...
Auf einmal wirst du spüren, was es bedeutet,
mit deiner Einsamkeit allein zu sein.
Ganz sachte wird deine Einsamkeit lebendig.
Du spürst, wie sie Frieden wirkt,
wie du ruhig wirst im Rauschen des Blutes.

Atme tief und danke der Stille.
Morgen weißt du, was du tun musst.
Einsamkeit ist notwendig.

In jener Nacht

Und etwas ist gestorben in jener Nacht.

Verzweifelt, tief zerrissen –
alle guten Geister erschrocken entflohen
vor deinem Schrei, deinem Weinen –
läufst du durch die Nacht
überwallt von heißen Wellen
rotschwarzer Qual aus deinem Inneren.

Sieh es ein, es ist hoffnungslos,
Illusion ... Liebe ... Selbstbetrug ...
vergeblich, niemals, niemals!

Dunkle Schwingen flattern im Gezweig
am Weg –
deine guten Geister gefangen
im Netzwerk der Hoffnungslosigkeit.

Der Wald steht schwarz und schweiget –
weißes Mondlicht flirrt
unbeteiligt und fremd –
Hier liegen am Weg –
nie wieder aufstehen –
tot sein –
Stirn im kalten Tau –
Nichts mehr denken! ...
Kalte, harte Mutterbrust wiegt dich –
leise geistern Nachtfalterflügel
an deinem Ohr –
du hebst den Blick:

Schimmernde Ketten von Tautropfen
an allen Gräsern vibrieren
mit Regenbogensternen geschmückt
im Mondlicht.

In schweren, nassen Schuhen
gehst du heim
nüchtern und still.

Und etwas ist geboren in jener Nacht.

Warum immer Tränen?

Mitten im Gespräch ein flüchtiges, unerkanntes Bild –
Nebel steigen auf bis zum Herzen,
nehmen vage Gestalt an
dehnen, drehen sich in seltsamem
Schwingen noch in der Brust, –
doch in der Kehle
ballen sie sich dunkel,
werden unaussprechbar,
kondensieren
zu ungewünschten Tränen.
Ich kann ihre Sprache nicht verstehen.
Was ist so unsagbar?

Sonnenfinsternis

Von oben gesehen

ICH strahle immer, ständig –

Seit Jahrmilliarden sehe ich
den Winzling Mond
seine Kreise um die Erde ziehen ...

Weltuntergang?
UNTERgang der Welt?
Wessen Welt?

Kommen ein paar eurer
Ameisenhaufen durcheinander,
weil der Mondschatten auf sie fällt?

Was macht euch schaudern
und weinen und jubeln,
ihr klatscht Beifall?

Eure Erkenntnisse
sind so lächerlich wie eure Brillen.
Was habt ihr denn gesehen?
Was begriffen?
Was lehren euch
zwei Minuten Lichtausfall
am Mittag?

Ahnt ihr plötzlich,
wie abhängig ihr seid?
Wie ohnmächtig?
Wie klein und unwissend?
Wie blind?

Das wäre ja ein Lichtblick!

ICH strahle immer, ständig –

Seit Jahrmilliarden sehe ich
den Winzling Mond
seine Kreise um die Erde ziehen ...

(Nach dem Medienrummel um die Sonnenfinsternis
am 11. August 1999)

Der geschenkte Tag

Das Messer im Rücken
schenkt mir der Tag.
Tausche Pflichtübung
gegen Pflichtübung.

Musik verbrämt den Schmerz:
»Kultur am Vormittag«
Statt Schule
»Die Alternative«

Frost und Sonne,
Stachel und Arznei –

Das Messer im Rücken:
Versuchung oder Anreiz?
Leiden üben –
Ich verlieren –
Willkommen, Schmerz,
Geländer am schmalen Steg
der Geistes-Gegenwart
und der Achtsamkeit!

Schlangengrube Schmerzen

Abgestürzt in euer Reich,
Schmerzen, schwarze Schlangen,
eure scharfen Bisse – bittere Tropfen,
etwa heilsames Gift?
Denken – geronnene Muster
schwarz durchwölkt.
Fühlen ohne Gnade
aufgepeitscht, blitzdurchzuckt ...

In diesem zähen, schwarzen Schlamm
gleitende Gewalt,
gefesselte Arme gelähmt!

Klärgrube: Da schwimmen
schwarze Erinnerungsbrocken.
Friss oder stirb unaufhaltsam.

Liebe !! ----------------- Liebe ...
Hilfe !! ------------------ Hilfe ...

Fremdes Echo von ganz weit –
Zu spät, zu wenig geübt der Schrei,
steckengeblieben, erstickt ...

Klärgrube Schmerzen

Akupunktur

Schwarze Tränenpakete
so lange sorgfältig verschnürt
platzen im Hals,
überschwemmen
heilige Gebäude,
durchfluten sie bitterschwarz
bis unters Dach,
hinterlassen Ruinen ...
Muss denn alles weg?

Was überlebt?

Orientierungslos, ausgeliefert
schwimme ich als Schiffsbrüchige im schwarzen Wasser
auf und zwischen eigenen Trümmern meines Lebens, meiner Illusionen.
Gibt es kein Zurück in die gewohnte, warme Illusionsplazenta,
in die Geborgenheit?
Ausgesetzt, nackt im kalten stehend,
entkleidet ...
Alte Ängste und Dunkelheiten
ergreifen Besitz.

»The old ship is sinking
let it go down«
Gilas Lied tönt in mir ...
Nur die angewachsene Liebe überlebt?

Im Dürregarten

Ich esse Brot von Eicheln,
trinke Wasser aus Kakteen.
Ich lebe vom Duft der Sterne
und von vertrockneten Johannisbeeren
in diesem Dürregarten.

Nicht einmal die Sehnsucht
ist noch lebensvoll,
die Hoffnung auf dich so fern
wie der Abendstern.
Mein Mars ein glimmendes Fünkchen
über den dunklen Bergen der Demut.
Ich bescheide mich
mit den herben Körnern des Alltags.

Ist Vergessen die Frucht der Feigheit
oder hilfreiche Fügung?
Einschlafen allein ist süß,
mich müde fallen lassen
in den dunklen Schoß des Schlafs
mein Trost.

Ein so seltenes Geschenk

Der Wind spielt
mit den glitzernden Blättern
der Birken über mir...
weit oben im Blau des Nachmittags
treiben leichte Wolken...
Ich liege in sommertrockenem
Moos und Gras ...
Meinen hochgestreckten Fuß
berühren zärtlich
die weit herabhängenden Birkenzweige.
Die sonnendurchwärmte Brise
schüttet Kräuterduft über mir aus
von der Wiese nebenan ...

Euer Lachen von der Terrasse herüber,
Eure vergnügten Stimmen ...
Gelöste Sommer-Ferien-Stimmung,
ein so seltenes Geschenk!

Ich gebe auf

Plötzlich stehe ich im dunklen Schatten
meiner Liebe,
die doch früher so hell und warm war,
mir ist kalt, ich friere –

Worte, die dich erreichen sollten,
fallen mir wie welke Blätter vom Mund.
Meine immer wieder in Sehnsucht
nach dir ausgestreckten Hände
sinken immer wieder
ohnmächtig herab.

Ich sehe, dass du die alte Hasskappe
aus deinen Kindertagen trägst.
Du stichst mit spitzer Feder
nach meinem Herzen
und verletzt mich.
Deine gut gezielten bösen Worte
treffen mich
und lassen mich verstummen.

Das einzige, das du mir gibst,
ist Schuld an deinem Leiden,
aber die nehme ich nicht an!
Du bürdest mir zu allem anderen
deine Altlasten auf,
ich will sie nicht auch noch tragen!

Du wendest dich ab ...
Ich gebe es auf,
dich im Guten zu erreichen ...

Ich gebe auf –

Wilde Möhre, Trösterin

Weiße Sternendolde,
deine Vollkommenheit
heilt mein zerrissenes Herz:

    So ganz sein
    und so aus der Mitte strahlen!

Deine Zartheit berührt sanft
meine Sehnsucht:

    So zärtlich sein
    und so geliebkost!

Verblüht
schenkst du dem Vertrauenden
ein weiches, grünes Nest:

    So bergen können
    ach, so geborgen sein!

Dich lassen, Sohn

Dich lassen, Sohn –
mein Herz hat dich so lange
getragen und gehütet
nun muss ich dich ein zweites Mal
zur Welt bringen,
in die Welt lassen,
entlassen –

Die Wehen treiben mir
Worte aus dem Mund,
die eigentlich
nur der Linderung meiner
eigenen Schmerzen gelten –
Nimm sie nicht an,
geh frei und ohne Schulden,
ich schenke dir das Leben
für dich allein –

An meine Söhne

Ihr brauchtet meinen Bauch,
um zur Welt zu kommen. –
Ihr brauchtet meine Fürsorge und Liebe,
um zu gedeihen –
Ihr brauchtet meine Arbeit und Kraft,
um selbst zu erstarken –
Ihr brauchtet mich als Basis-Lager
für Gratwanderungen und Gipfelstürme.
Nun liege ich verlassen im Schnee,
aufgegeben, nicht mehr gebraucht,
die Zeltwände flattern im kalten Wind –

Aber ich bin kein Basis-Lager,
ich bin immer noch eure Mutter,
meine Lebens-Gedanken-Energien
sind fest mit euch verbunden.
Mein Herz kann nicht begreifen,
warum es allein gelassen wird ...
Alte »Wegwerf-Mutter«?

Trauer

In der Dunkelheit am Teich
flackert ein Licht für dich.

Meine kalten Hände suchen Wärme
am Becher mit Tee – ich lebe noch.

Das Schlaflied für dich damals
heute tröstet es mein Herz.

Ich war so gerne deine Mutter,
kostbares Kind!

Meine Augen klammern sich
an dein Bild neben der Kerze,

sie können die fremden Ebenen
nicht begreifen – Wo bist du?

Mögest du in Licht und Frieden
deine neuen Wege gehen!

Nachts in dunklen Stunden

Nachts in dunklen Stunden
muss ich im Todesfieber
nach Messern und Kabel greifen,
muss ich die Mutter weg schubsen:
»Nein, ich bleibe nicht!«
Muss ich in die Regennacht fahren
und bebend um den Turm streifen ...
und zuletzt
muss ich mit dir stürzen,
aufprallen und sterben
und die ganze Nacht
im kalten Regen liegen ...

Warst du schon so entschlossen, als du
am Teich im Garten stand'st und rauchtest?
Nun wirst du nie mehr
die Flügel deines Herzens ausbreiten
und mich fest halten ...
Ach, ich vermisse dich!
Du warst so jung und stark, voll Leben
und doch auch so gequält.
Womit hätten wir dich halten können?

Bei Tag
kann ich ja zur Abkürzung
deines Lebensweges sagen,
kann ich dich ziehen lassen,
deine neuen Wege segnen ...
Aber nachts
wachsen die dunklen Stunden
langsam in mir fest und schmerzen.

Spuren

Ich weiß, du bist nicht deine Asche,
sie ruht im Wald unter deinem Baum.
Dort sind nur unsere Spuren,
die wir im Schnee für dich hinterlassen haben.

Deine Spuren in unseren Herzen
tun heute weh.
Wird das jemals anders?

Vielleicht lockt die Sonne
deiner Kindheit, deines Wesens,
ja Erinnerungen hervor
wie Blumen im Frühling,
die deine Liebe fühlbar machen für uns?

Möge dein Name
Gelassenheit und inneren Frieden
als Spur in unseren Herzen
hinterlassen!

Liebe umhüllt uns immer,
ob wir sie fühlen können
oder nicht.

Eltern und Kinder

Lasst eure Eltern nicht
wie Altbauten stehen,
die ihr schon in eurer Kindheit
und Jugend errichtet habt
mit Vorurteilsfassaden,
versperrten, vernagelten Eingängen:
»Achtung, Gefahr!«
mit Erziehungs-Dunkel-Kammern
und morschen Theorie-Möbeln
aus alten Tagen …

Gebt euch gegenseitig
die Chance der Entwicklung:
Ihr alle seid weitergewachsen
in den vergangenen Jahren.
Öffnet euren Blick für das,
was jetzt ist,
fragt die Eltern und euch selbst
wie es gekommen ist,
dass ihr seid, wie ihr jetzt seid,
aber fragt mit Mitgefühl,
erkennt Angst und Sorge,
erkennt Leid und Freude in allem
und lernt!

Streift die alten Kinderschuhe ab
und die Elternschuhe,
tanzt barfuß zusammen
auf der Wiese des Hier und Jetzt.

Die Vergangenheit war wie sie war,
jetzt ist die Möglichkeit,
zu entdecken, wer ihr wirklich seid:
Menschen
nicht nur Eltern und Kinder.

Vollmond im Winter

Abends geht neben dem Turm
auf dem Berg
ein großer oranger Mond auf.

Dann steht er golden
dicht über der frostklirrenden
Winterlandschaft, über Feldern
und den Wäldern der Hügelkette.

Daheim blickt er als Silbermond
vom hohen Himmel
ins Fenster meiner
Wohnzimmerwelt.

Er wandert ums Haus;
mit freundlichem Februargesicht
schaut er durch die Tannen
auf den weißverschneiten
Gartenteich, wo die rote Lampe leuchtet.

Östliche Musik

Weißschimmernder Dunst
über dunklem Lotusteich

Vollkommener Silbermond
hinter Kiefernzweigen

Ruhe, Seele,
geborgen in Schönheit.

Eine Seerose für dich, Tochter

Auf dem blanken Wasserspiegel
umgeben vom Hofstaat ihrer Blätter
ruht sie, die Teichkönigin ...

Die rote Blüte weit geöffnet,
aus der Mitte strahlend,
lebensvoll, leidenschaftlich ...

»Om mani padme hum«
Das Juwel in der Lotusblüte
ist unsere Liebe ...

Bleib offen für das Licht,
zeig deine goldene Krone
dem Leben und den Lebenden!

Frühling

Im dunklen fruchtbaren Grund
der Ruhe
liegen Samen verborgen.
Sie werden lebendig,
erreicht sie die Quelle
aus der Tiefe des Wesens.

Erst regt sich der Keimling
des Friedens,
wächst rasch heran zu einem Baum,
in dem die Vögel der Lieder nisten.
Dann sprießen überall Büsche
der Kreativität
mit blutroten, lustvoll süßen Früchten.
Zuletzt erblüht der bunte Blütenteppich
der Leichtigkeit und Freude.

Alles wird erwärmt und genährt
von den hellen Strahlen
der Dankbarkeit.
Ihr wenden sich alle Blätter zu,
ihr öffnen sich alle Blüten
in Liebe.

Kleines Abendlied im Sommer

Warme Nacht sinkt hernieder.
Die Käuzchen schreien wieder,
Grillen zirpen ihr endloses Lied,
das durch Gras und Gesträuch
mit der Abendluft zieht ...

Die Tannen breiten schützend die Zweige,
ich ruhe und schweige
und fühle mich reich ...
Rot leuchtet die Lampe
am Seerosenteich.

Säuferaugen

Säuferaugen
nippen an Tulpenpokalen
kosten Blütenformen aus
trinken Himmelsblau und Azur
und schäumendes Wolkenweiß
schlürfen Maiengrün in vollen Zügen
inhalieren Rapsgelb
toben im Rosa der Blütenbäume
hüpfen beseligt von Baumkrone
zu Baumkrone
taumeln in schwankenden Schatten
sinken ins weiche allgegenwärtige Grün
starren gierig und
wollen alles auf einmal wahrnehmen
fallen zu
schlafen ihren Frühlingsrausch aus
und träumen doch schon wieder
vom Kirschrot des Sommers ...

Der Kirschbaum blüht

Im weißen Blütendom
erklang früher die Bienenorgel
mit starkem Gesumm und Gebrumm.
Heute ist es hier still.
Verführt vom zarten Duft
kommen nur noch ein paar Touristen:
Hummeln, Fliegen, Schwebewespen,
um sich am Nektar zu laben,
der Speise der alten Götter.

Was zählt heute noch Bienenfleiß?
Was ist Bienenhonig wert
bei so viel buntem Süßkram?
Kriegen wir halt weniger Kirschen!
Irgendwie wird sich die Natur
doch wohl zu helfen wissen …

Der Kirschbaum blüht,
entfaltete Schönheit lächelt sanft.

Lotuswurzel

Welch große Sehnsucht
muss in dieser braunen Wurzel stecken,
Sehnsucht nach Luft, Licht, Sonne, Klarheit,
dass sie aus weichem, warmem Schlamm
nach oben Triebe durch das Wasser sendet,
um dieses Traumbekannte zu entdecken.
Für sie gibt's nur dort oben Blüte, Frucht,
als ihres Lebens Sinn und Wahrheit ...

Auch ich in meinem dunklen Körpertraum
sehn mich nach Wirklichkeit und Wahrheit,
will hier mein Leben meistern,
Kräfte finden,
um durch mein inneres Fühlen durchzudringen
zu Licht, Entfaltung,
wahrer Erkenntnis Klarheit.

Erst dann

Wenn jetzt einer käme und mir sagte:
Um wirklich frei zu sein,
musst du alle Erinnerungen loslassen,
die guten wie die schlechten löschen,
dir die darin gebundenen Energien
zurückholen ...
Dann antwortete ich: Nein!
Solange ich noch atme,
will ich in meinem bunten
Erinnerungs-Gefieder
einherschreiten wie ein Pfau,
ab und zu fröhlich
meine schimmernden Federn schütteln
und mein vieläugiges Rad auffächern.

Erst im Tod
will ich bereitwillig
alle Federn herschenken
und gelassen
in einem kurzen weißen Papierhemdchen
zu Asche zerfallen –
und frei sein!

Was nimmst du mit?

Denk, du musst fliehen
aus deinem Garten, deinem Haus
mit schnellem Schritt –
Was nimmst du mit?

Alle deine Bilder, dein ganzes Leben
in unzähligen Alben?
Die kannst du nicht heben ...

Leben, Weisheit, Poesie in alle deinen Büchern?
Verlasse sie, sie taugen nicht
für die fremden Straßen,
auf denen du nun alleine gehst.
Alle deine Schätze musst du verlassen,
wenn du dann bloß im Kalten stehst.

Schönheit des Gartens, Blumen, Bäume
sind sie nichts als geliebte Träume,
die ganze beseligende Natur
taugt für ein Leben im Diesseits nur?

Selbst deine Kinder und deine Enkel
kommen nicht mit und bleiben zurück,
mit ihnen der Sinn deines Lebens, dein Glück.

Was also bleibt? Was nimmst du mit?
Bleibt wohl der Seele dankbares Strahlen?
Verlässt dich der Liebe und Freude Licht
als Angewachsenes »Unvergängliches«
aus diesem Leben
dort drüben nicht?

Abendlied – Ich bin

Ich bin oft müde und lebenssatt –
Ich bin oft nur noch innerlich –
Meine Augen wollen lieber ruhen
als fokussieren.
Ich schwinge von Freude
zu Gleich-Gültigkeit
hin und zurück –
hin und zurück –

Ich habe schon noch Lust zu leben:
zu sehen, zu fühlen, zu erinnern
all die Überfülle, den Überfluss –

Ich ruhe aus in Gleichgültigkeit
ich bin nicht mehr wichtig –
Aber:
Ich bin doch auch Zeuge und Bote
von Schönheit, Liebe, Segenskraft,
vom Segen des Lebens –
Ich bin doch noch voll Leben
– innerlich –
für morgen.
Noch bin ich!

Sagst's im Gedicht?

Sagst im Gedicht bildlich und klar,
was du heute siehst, wie's gestern war ...
stülpst der Gefühle Innenseiten
um nach außen trotz aller Scheu,
bleibst dabei deiner Wahrheit treu ...

Findest Bilder, findest Worte
auszudrücken, ins Licht zu heben,
was im Innern tief im Dunkeln
führt ein drängendes Eigenleben ...

Dampfst schlafloser Nächte Trauer und Pein
zum Salz einer bitteren Träne ein ...

Genießt und schwelgst und kostest aus,
es will so viel aus dir heraus,
es will so viel gefeiert sein:
Das Leben ganz für dich allein ...

Für dich allein die ganze Freude?
Oder auch für andre Leute,
die's dann verkosten wie Konfekt,
auch wenn dein Heiligstes drin steckt?

Sagst's im Gedicht?
Oder doch lieber nicht.

Das letzte Wort

Was hätte ich mir selbst denn als letzte Worte
meiner Mutter gewünscht?
Ich bin nach Ihrem Tod jahrelang nur schwer
aus der schwarzen Leere der Trauer
und des Verlustes herausgekommen,
denn sie starb einsam im Koma und viel zu früh.

»Kind, ich habe manches in meinem Leben falsch gemacht,
ich wünsche dir sehr, dass du das in deinem Leben
nicht wiederholen musst.
Lebe glücklich mit deiner Rasselbande!
Ich wünsche dir viel Liebe und Kraft für dein eigenes Leben!
Wir sind so eng verbunden gewesen, denke daran,
uns kann der Tod gar nicht trennen,
in Gedanken und Erinnerungen bleibe ich immer bei dir.«
Diese Worte hätten mir gut getan, mir geholfen.

So möchte auch ich mit meinen letzten Worten
hilfreich für die Kinder sein, dass sie mich gehen lassen können
und keine Energie in Trauer verschwenden.

»Ich war sehr gern eure Mutter und oft glücklich in meinem Leben.
Ich bin dankbar für euch und freue mich,
dass der Strom des Lebens in euch und den Enkeln weiter fließt.
Ich wünsche euch ein intensives, glückliches eigenes Leben.
Ich bleibe mit euch verbunden
und bin fest überzeugt, dass wir uns wiederbegegnen.
Danke für eure Liebe!

Das wäre heute mein letztes Wort, meine letzte Ansprache.

Aber noch lebe ich ja!
Ich laufe gerade in die Endrunde meines Lebens ein
mit allen Unwägbarkeiten und unvorhersehbaren Möglichkeiten
des Alt-Seins. So oder so!

Es wird für mich noch genug Gelegenheit geben,
neue Erfahrungen zu machen,
umzudenken und dazu zu lernen.
Das letzte Wort ist also noch nicht gesprochen oder gedacht,
weil mein Leben noch nicht zu Ende ist.

Schon als Kind der Kriegs- und Nachkriegsjahre
habe ich immer gedacht und irgendwie zuversichtlich geglaubt
trotz aller gruseligen Geschichten, die ich über den Tod gehört hatte:
Das größte Abendteuer meines Lebens wird am Ende mein Tod sein,
dann werde ich erfahren und wissen....
So überlasse ich es der Zeit,
mein letztes Wort heraus zu kristallisieren.
Bis dahin habe ich mir vorgenommen,
mit meinen Kindern und Freunden im Gespräch zu bleiben
und schon jetzt mit ihnen immer wieder wesentliche Dinge
zu besprechen.

Dann wird sich das letzte Wort
von selbst ergeben.

An meinen Körper

Zum 75. Geburtstag

Freund, Vertrauter, Lebenskamerad!
Von Anfang an hast du mich durchs Leben getragen und begleitet,
treu und zuverlässig durch all die vielen Jahre!
Freude, Glück und Lebenslust
haben mir Deine Sinne geschenkt ...
Fünf Kinder hast Du mir ausgetragen, geboren, aufgezogen ...
Oft habe ich gar nicht nach Dir gefragt,
Dich benutzt, ausgebeutet und überfordert,
selten war ich mit Deinen Leistungen zufrieden,
habe ich Dir jemals gedankt?

Jetzt will ich es anerkennen,
dass Du müde geworden bist,
dass Du hinweg schrumpfst,
dass Du Dich nicht mehr antreiben lassen,
dass Du liegen und ruhen willst.
Dein Atem geht schwer,
beim Husten flattert das Herz
wie ein gefangener Vogel,
trotzdem kann ich Garten und Natur genießen,
arbeiten, gehen, tanzen und leben.

Deine Augen tränen, aber sie zeigen mir dennoch
all die Wunder und Schönheiten des Frühlings und meiner Enkelkinder.
Trotz aller Einschränkungen lebe ich gerne,
liebe es, mich zu bewegen, zu schauen, zu singen und zu denken.

Ich danke Dir für das Geschenk des Lebens,
Freund, das ich mit Dir genieße!

Aber ich will auch akzeptieren,
wenn Du eines Tages zu müde bist zum Weiterleben,
wenn das Leben aus Dir und mir herausrollt
wie eine dunkle Frucht oder davon weht ohne Schatten.
Die Buche im Ruheforst steht schon bereit,
die die Urne mit Deiner Asche
sachte zwischen ihren Wurzeln wiegen wird
im Wind der Jahreszeiten,
bis du bereit bist, in neuen Kreisläufen aufzusteigen ...

Danke, Körper, für Deine Treue.
Danke, Kamerad,
für all die Schätze des Lebens,
die ich durch Dich und mit Dir
erleben, erfahren und erwerben durfte
und immer noch darf!
Ich danke Dir, Körper,
Euch Herz und Geist,
Euch Augen und Ohren
für das Wunder Eures Zusammenspiels!

Omas Weihnachten

Oma sitzt und lächelt.
Ihr inneres Kind strahlt
über all die schönen Geschenke.

Vom Lichterbaum
wehen liebe Erinnerungen herüber ...
Die Seele schwelgt ...
Schwelgt in alter und neuer Musik.

Das Herz ist so weit,
umfasst in Liebe
Tote und Lebende,
umfasst dankbar
Vergangenheit und Gegenwart.

Gedanken, Getön und Stille ...
Oma sitzt vor ihrem Lichterbaum
und lächelt.

Allein

Der Tag ist maiengolden still verronnen,
hab nichts versäumt, verloren, noch gewonnen.
Mit allen Margaritenaugen habe ich
der Sonne nachgeblickt und mich
im Teich im grünen Algendämmern
am Krötenquappen-Babyglück entzückt.

Am Tag fühl ich kein Einsamsein,
im Garten bin ich nicht allein
mit all dem Leben ringsumher.
Doch kommt der Abend dann im Haus
reich ich mir selber nicht mehr aus,
fühl mich allein, mir fehlt dann wieder
jemand zum Teilen, ein Gegenüber.
Doch bleib ich meistens dann allein
mit all dem vielen Glücklichsein.

Abenddämmerstunde

Vertrautes Gurren der Wildtauben
umringelt die Fichten.
Auf dem klaren Teich entstehen und vergehen
immer neue Wanderkreise der Wasserkäfer.
Die Seerosen schlafen schon
in ihren spitzen rosigen Zelten.
Weicher Wind trägt Apfelduft herauf.
Zarter Wiederschein vom Sonnenuntergang
zaubert flüchtige Perlmutt-Spiele
auf die wandernden Wolken im Süden:
Rosa vor Zartblau und rauchigem Grau.
Ein Flugzeug zerkratzt sichtbar und hörbar
die weiche Abendstimmung.
Nach einer Rast im Grau
ziehen die Wolken nun wieder zart weiß
vor dem blauen Nachthimmel,
bald kommt der Mond,
ein Stern blinkt schon.

Dieser Platz ist nur geliehen

Dieser Platzt ist nur geliehen
Meine Ruhe ein Geschenk,
ich lebe zwischen den Zeiten,
um Bilanz meines Lebens zu ziehen.

Mutter, Mann und Sohn,
mit ihnen versanken Welten.
Lieben, Leiden, Lernen ...
war alles nur Illusion?

Mein Leben gerinnt zu Bildern,
ich taste mich durch und hoffe,
dass die, die noch mit mir leben,
ihre Fremdheit und Härte mildern.

Muster des Lebens so eifrig gewebt,
ich hab mich in ihnen gewiegt,
glücklich und dankbar und doch auch bewusst,
dass ein tieferer Sinn darin lebt.

Dieser Platz ist nur geliehen,
meine Ruhe ein Geschenk,
ich lebe zwischen den Zeiten,
um Bilanz meines Lebens zu ziehen.

Dartmoor-Stimmung

Wie blaue blanke Spiegel
blicken die Moorwasseraugen
zum Himmel.
Noch winterlich braunschwarz
und fahl liegen die Heideflächen
überwandert vom wechselnden Spiel
von Sonnenlicht und Wolkenschatten.
Die Lieder der Heidelerchen
steigen wie raue silberne Spiralen
fröhlich aus Kraut und Gras
der Sonne entgegen,
verbinden Erde und Himmel.

Gedichte aus der Welt
der Unscheinbaren

Spinne

Am besten kann ich Fäden spinnen,
denkbare begehbare Wege im Wind
von einer Tatsache zur anderen.
Ich verknüpfe sie – das konnte ich immer schon,
hab's nie gelernt – bis meine Netzwelt fertig ist,
mein eigenes Weltnetz.
Dann lauere ich.

Es hat sich schon mal ein blauer Schmetterling
auf seinem Weg durch das Nichts in meinem Netz verfangen;
aber sonst sind es fast immer nur Fliegen.
Dann muss ich jedes Mal das Netz erneuern –
Aber das macht mir nichts aus:
Nach einem Fang kann ich besonders gut spinnen
und lauern.
Warten ist meine zweite Kunst.

Amsel, kleine Schwester

Du baust dir ein Nest
nach deinem Körpermaß,
du ziehst darin deine Jungen groß ...
Macht es dir Spaß oder Stress,
hungrige Schnäbel zu stopfen?

Du ziehst Regenwürmer aus der Wiese,
verspeist die Beeren von meinen Büschen,
hackst in die Äpfel im Schnee ...
Frisst du mit Genuss?

Dein süßer Abendgesang im Sommer
von der Tannenspitze herab
durchtönt meinen Garten, dein Revier.
Empfindest du Freude und Frieden?

Du rauchst nicht und trinkst nicht,
bist nicht berufstätig,
sitzt nicht vor Filmen und Bildschirmen
fährst nicht Auto, spielst nicht Fußball ...

Alles, was du n i c h t tust,
macht uns zu Menschen ...
Eigentlich wäre ich lieber eine Amsel!

Lied der Monaden-Made

oder Metamorphose

Ich esse, schlafe, bin.
Will nirgends anders hin.
Will nirgends anders sein,
als auf diesem Kohl allein.

Brauch Vater nicht noch Mutter,
sitz mitten in meinem Futter,
was könnt es Schöneres geben
als dies, mein Madenleben?

Manchmal mit Gesumm
fliegt hier ,ne Fliege rum...
Nicht in der kühnsten Fantasie
wollt ich fliegen, so wie die!

Mein Mund ist voll,
mein Bauch ist schwer,
was ist los mit mir?
Ich kann nicht mehr!

Mir schmeckt kein Strunk,
mir schmeckt kein Blatt,
bin noch vom Essen gestern satt
und bin so müd, soo müde ...

Jetzt bau ich mir ein kleines Bett.
Hier ist's gemütlich, hier ist's nett!
Hier bin ich sicher, kann's auch sein
und schlaf – nur für ein Weilchen – ein.

Paar Tage später, welch ein Graus,
schlüpf ich aus meinem Bettchen raus
und erkenne nüchtern, klar,
dass nichts mehr ist, wie es mal war.

Ja ich entdecke sehr erschreckt,
dass was ganz Fremdes in mir steckt:
Mir ist, als hätt ich mich komplett
verändert seit der Zeit im Bett!

Von Kohl hab ich die Nase voll,
weiß gar nicht, was ich hier noch soll!
Mach hier am besten schnell die Biege..
Huch! ... ? ...
Huch, ich fliege ja wie 'ne Fliege! ...

Die Raupe klammert am Blatt
Mit vollem Mund glaubt sie nicht ans Fliegen.

Lehren des Tagpfauenauges

Mach dich bereit zu neuem Sein,
lass Altes liebevoll hinter dir,
vertraue, ruhe, gib dich hin –
Ruhe wandelt dich,
alles geschieht in Leichtigkeit und Freude –
Zeig deine Farben,
lass dir Flügel wachsen,
flieg im kosmischen Licht deiner Träume –
Ernähre dich von der Süße der Schönheit –
Erwache zu deinem wahren Sein –
Trage Freude und Schönheit in die Welt!

Frau Mücke

Frau Mücke summt, Frau Mücke sticht,
sie will mein Blut für ihre Brut,
doch das gönne ich ihr nicht,
ich schlag sie tot, bevor sie sticht.
Tierlieb ist das wirklich nicht
und keinesfalls buddhistisch,
doch ich liebe meine heile Haut,
und bleib dann eben christlich.

Schneckes Glitzerwelt

Ich bin eine Schnecke,
ruhe im kühlen Morgenschatten
eines großen Steines.
Mich zieht es dort hinüber,
da ist die Welt voll von hellem Grün
und zartblauen Schatten.
Überall der köstliche Duft!
Die Grashalme sind mit
schimmernden Tautropfen behängt.
Ich spüre einen sehr feinen Dunst,
den die Erde ausatmet,
auf dessen Feuchte kann ich mühelos gleiten.
Von allen Seiten treffen mich
regenbogenfarbene Glitzerstrahlen,
sie machen mich glücklich:
Es ist Wasser-Licht, nicht Sonnen-Hitze.
Aus dem großen Schattendunkel
da drüben duftet es herüber.
Ich gleite zu ihm hin:
Weiches, aromatisches Kraut schmeckt köstlich,
zarte Tautröpfchen zergehen auf der Zunge.
Ich bin sehr glücklich
in dieser grünen, feuchten Glitzerwelt!

Krötenglück

Jedes Frühjahr warte ich,
dass sie heimkommen in den Teich,
meine Kröten.
Nach einer dunklen Regennacht im April
sind sie endlich da, im Doppelpack.
Goldene Augen
schauen mich aus dem Wasser an.
Die Krötenmutter beginnt,
ihre lange Laichschnur
durch die Wasseraloen zu ziehen,
ihr kleines Männchen klammert sich
dabei an ihrem Rücken fest.
Eine drei Meter lange Perlenschnur
ist kreuz und quer an den Aloen befestigt
von den Eltern bewacht.
Später dann zappeln schwarze Kommas
im durchscheinenden Gallertband,
und schließlich schwärmen sie aus
als dunkle Wolken von
fröhlich schwänzelnden Miniquappen.
Sie ziehen durch den Teich
und weiden mit ihren Mäulchen
die Algen von den Steinen.
Sie sind einfach süß in ihrem »Babylook«,
selbst wenn sie dann schon Beinchen haben
und daumennagelgroße Krötchen sind!
Doch eines Nachts im Mai sind sie dann alle
wieder ausgewandert, ausgeschwärmt
in Garten und Nachbarschaft!
Ich habe keine kleine Kröte
je wiedergesehen
und muss bis zum nächsten April warten,
bis sie – vielleicht –
als erwachsene Krötenpärchen
in meinen Teich nach Hause kommen.

Fruchtfliegen

Fruchtfliegen, Essigfliegen,
schwer zu fangen, kaum zu kriegen,

winzig, flink und sehr geschickt,
kaum einmal ein Fang mir glückt.

Wo kommen die nur alle her?
Es werden täglich immer mehr!

Ich sehe sie bei der Sommerhitzen
auf Gläsern, Obst und Tellern sitzen.

Beim Frühstücks-Marmeladenbrot
beschließ ich schließlich ihren Tod.
(Ohne Erbarmen mit den armen)

Ein saurer Tod ereilt nun alle
In meiner Essigflaschen-Falle.

Träume und Trommelbilder

Die Schätze glühen am Grund
und funkeln herauf,
auch wenn der Alltagswind den
Seelenspiegel trübt.

Zu Besuch in einem anderen Dasein

Manchmal nachts wird mein Körper
ganz weich und sanft zu mir
und hüllt mich ein,
als wäre er nicht vorhanden.

Die Atmosphäre um mich herum
ist dann sehr dicht und bewegt,
ein Tanz von Abertausenden
von Lebensteilchen, auf die ich
mühelos umsteigen kann.
Dann braucht es nur
eine unmerkliche Bewegung,
wie die winzige Drehung eines Kaleidoskops,
und ich bin zu Gast in einem anderen Leben,
in einem fremden Daseinsbild.

Ich fühle bisher unbekanntes Schicksal,
koste es aus im Augenblick des Jetzt
und bin doch gleichzeitig ich,
die weint oder freudig Lehren empfängt
auf diesem Besuch
in einem anderen Dasein.

Tanz des Lebens am Fuße der Ewigkeit

Klare blaue Mondnacht –
Hochaufragendes Gebirge aus schwarzen Felsen,
nein, es sind riesige Kristalle, Bergkristalle, die dicht an dicht
beieinander stehen.
Sie bilden mit ihren dunklen mattspiegelnden Flächen,
mit ihren scharfen Kanten und Spitzen
ein himmelhohes unverrückbares Gebirge.
Darüber, weit entfernt und unbewegt die Sternenpünktchen
und ein winziger weißer Vollmond.
Das Mondlicht wird von den Kanten der riesigen Kristallpfeiler
reflektiert und schimmert auf den Pyramidenflächen der Spitzen
wie Schnee.
Mein Blick aus großer Höhe wandert langsam lange, lange nach
unten an den glatten Kristallwänden und schwarz-schattigen
Schluchten entlang und erkennt erstaunt einen lebendigen
regenbogenfarbigen Hauch, der um die Basis der Kristallfelsen weht.
Sein zartes Spiel ist immer in Bewegung, Fließt zwischen die Felsen
wie in Höhlen kommt wieder daraus hervor und umspielt mit
schimmernden Farben den Fuß des Kristallgebirges,
das aus einem dunklen, stumpfen Grün emporragt:
»Der Tanz des Lebens am Fuße der Ewigkeit!«
Der Blick wird vom Rot des Lichtflusses da unten angezogen, er stürzt
hinein und findet sich wieder in dem sehr warmen, lebendigen Bild
einer Mutter, die ihr kleines Kind herzt und mit ihm lacht.
Tänzerisch hebt sich der Blick wieder, stürzt sich aus der Höhe herab
und taucht ein ins Grün.
Er ist versetzt in einen Urwaldtempel, in dem eine schöne Tänzerin
im grünen Gewand vor dem großen, in den Fels gehauenen Bildnis
der Erdmutter tanzt.

Es ist ein Anblick so lebendig und lieblich,
dass der Blick hier lange verweilt.
Jede Farbe in diesem fließenden Lichthauch, jedes Fünkchen im Rot,
Gelb oder Blau offenbart ein neues Bild des Lebensspieles.
Das Eintauchen in diesen Strom oder Tanz des Lebens könnte
in Ewigkeiten fortgesetzt werden und würde doch nie die Fülle der
Daseinsformen ausschöpfen können. Majas Spiel!

Ich bin überwältigt und voll Ehrfurcht vor dieser Fülle
der Erscheinungen.

Der Mädchenbaum

Alles ist eindrucksvoll farbig und lebendig und verändert sich sehr
schnell wie mit Zeitraffer gefilmt.
Die Stimme der Erdmutter klingt weich und liebevoll.
In weiter, sanft geschwungener Landschaft liegt ein runder Hügel mit
frühlingsgrünem Gras,
es ist der schwangere Bauch der großen Mutter.
Darauf steht ein mächtiger Apfelbaum
bedeckt mit tausenden von rosa Blütenknospen.
Sie sind noch fest geschlossen wie Babyfäustchen
»Oh, ihr meine süßen Babys,
noch so weiche, innige Unschuld!«
Die Zeit verrinnt so schnell ...!

Jetzt tanzen und hüpfen ausgelassene Kinder mit erhobenen Armen
um den weiß blühenden Baum. Sie rufen sich zu, singen und lachen ...
Die Stimme der Erdmutter:
»Oh, ihr meine vergnügten Kinder!«

Nun auf einmal junge Mädchen im Morgenlicht mit Kränzen,
Bändern und flatternden Gewändern. Sie tanzen leichtfüßig
und fröhlich im Kreis um den frischen, grünen Baum ...
»Oh, ihr meine lieblichen Töchter!«

Jetzt junge Frauen mit Kindern im Arm, sie halten sie liebevoll,
drehen sich sacht und wiegen die Kleinen ...
»Oh, ihr meine glücklichen Mütter!«

Schon gehen sie allein im Licht des Nachmittags,
schreiten würdevoll und zielstrebig in ihren Festgewändern.
Es ist Erntedank, der Baum steht voller Früchte ...
»Oh, ihr meine geliebten Frauen!«

Der Tanz wird langsamer, die Schritte werden schwerer,
jede geht für sich allein,
ihre Augen blicken den fallenden Blättern nach ...
Jetzt stehen sie im Kreis um den kahlen Baum, weißhaarig, gebeugt
und schauen in die Weite der Abenddämmerung ...
»Oh, ihr meine lieben Töchter, wie seid ihr alt geworden!
Eure Sonne ist untergegangen, bald deckt euch der Schnee.
Eure Zeit verrinnt so schnell!
Fürchtet euch nicht, meine Kinder,
bald ist wieder Frühling!«

*Nach dieser Vision fühlte ich mich sehr traurig und weinte und
wusste doch auch gleichzeitig, dass alles so gut und richtig ist und
nicht anders sein kann.*

Die beiden Mönche

China – bizarre Berglandschaft
Zwei Freunde, junge Männer in schwarz-weißen, weiten, bequemen
Gewändern und mit schwarzen, eckigen Hüten gehen in raschem
Tempo durch die Berge an einem zerklüfteten Steilabhang entlang.
Einige Kiefern niedrig und verkrüppelt wachsen zwischen den run-
den graugelben Felsplatten, die die oberen Enden von riesigen lose
nebeneinander stehenden Felstürmen sind; diese Platten sind unser
Weg am Abgrund entlang.
Wir gehen rasch, frohgemut plaudernd und lachend, springen über
Spalten und weichen Felsbrocken aus.
Wir fühlen uns unbeschwert und sicher und werfen ab und
zu einen Blick in die Weite und nach links den steilen Felsabsturz
hinab in die Tiefe.
Plötzlich sind wir von Nebel eingehüllt. Wir müssen langsamer gehen
und uns konzentrieren.
Mein Freund geht vor mir. Plötzlich schreit er auf und ist verschwunden.
Ich erschrecke furchtbar und stürze nieder, ich kann ihn gerade noch
an einer Hand packen, ehe er ganz im Abgrund verschwindet.
Ich knie auf den glatten Felsen und versuche, ihn mit all meiner Kraft
zu halten und hochzuziehen, aber er ist zu schwer.
Ich sehe sein entsetztes Gesicht, die weit aufgerissenen Augen,
den Mund offen, der Schrei ist in ihm erstarrt.
Da gleitet seine Hand aus meinem Griff, sein zu mir emporgerichtetes
Gesicht verschwindet im Nebel des Abgrunds – kein Schrei,
kein Geräusch.
Ich knie auf dem Felsen und weine voller Schmerz und Schuld,
dass ich ihn nicht retten konnte.

Meine rechte Schulter schmerzt unerträglich.

Die Kaufmannsfamilie

Wir sind auf unserem Schiff im Mittelmeer unterwegs.
Wir sind eine jüdische Familie:
Ich als Vater im weißen Gewand mit schwarzer, gestickter Borte vom
Hals bis zu den Füßen;
meine Söhne, in leichten, hellen Gewändern sitzen in der Sonne
am Bug, reden und schauen auf das glitzernde Meer.
Sie sind mein ganzer Stolz.
Unter Deck in der prachtvollen Kabine weiß ich meine wunderschöne,
schwarzhaarige geliebte Frau.
Ich habe das Gefühl, begnadet, von Gott überreich beschenkt zu sein.
Welches Dankesopfer könnte ich ihm bringen? Wir leben in einer so
glücklichen Harmonie und großem Wohlstand und wir sind frei!
Es gibt nichts, was unser Glück trüben könnte ...

In dieser Nacht geht unser Schiff in einem plötzlichen, gewaltigen
Sturm unter.
Ich sehe uns alle vier und auch die Mannschaft kopfüber mit weit
ausgebreiteten Armen langsam in die Dunkelheit und Tiefe
des Meeres sinken.

Auf der Höhe des Glücks und der Harmonie sind wie selbst das Opfer.
Ich empfinde nur Dankbarkeit für dieses Leben.

Der alte Medizinmann

Ich stehe im Tal der Nebel zwischen unseren Zelten.
Ich bin verantwortlich für die Kinder und Frauen.
Die Krieger sind unterwegs, so wie wir es tags zuvor beschlossen
haben, um die Feinde – weiße Soldaten – abzulenken und
zu vernichten. Die drei kleinen Enkel meines Bruders spielen
links von mir vor dem Zelt.
Da bricht aus dem Wald rings um unser Lager ein furchtbares
Geschrei und Schießen los. Die weißen Soldaten stürmen hervor
und metzeln uns alle nieder: Die Kinder werden erschlagen,
die Frauen erschossen, mir binden sie die Hände sehr fest auf den
Rücken und stoßen mir brutal mit Gewehrkolben in den Rücken.
Sie wollen mich als Geisel am Leben lassen. Aber ich will nicht leben.
Ich falle vornüber aufs Gesicht. Sie stoßen mir wieder die Gewehr-
kolben in den Rücken, um mich hoch zu treiben, aber ich bleibe
liegen, bis ich tot bin.
Warum hat der große Geist das zugelassen? Ist er so machtlos?
War unsere Welt falsch, sind wir wertlos, dass uns das angetan
werden kann?
Habe ich mein ganzes Leben in Täuschung verbracht?
Ich werde nie mehr unseren Ritualen vertrauen, ich werde nie mehr
heilen, ehe ich alles weiß.
Ich werde immer unscheinbar bleiben, nie mehr eine Rolle spielen,
ehe ich nicht wirklich weiß.
Ich habe Schuld auf mich geladen, mein Glaube und mein Können
haben uns nicht beschützt, unsere Entscheidung war falsch.
Ich werde nie mehr Verantwortung für Menschen übernehmen
können!

Herkulaneum

In der Säulenhalle mit den bunten Wandbildern, die Vater
mitgebracht hat und dort einbauen ließ, ist es am kühlsten.
Da steht auch Mutters Liege.
Ich darf mich dort auch oft zu ihren Füßen hinlegen, dann kommt
ihre liebevolle Hand und legt sich auf meinen Kopf.
Ich finde Mutter so schön mit ihren warmen dunklen Augen und
dem glitzernden Schmuck in den aufgetürmten, dunklen Haaren.
Ich soll weg von ihr, weil ich jetzt 7 Jahre alt bin, aber ich will nicht
zu Vater und den lauten Männern, sie machen mir Angst.
Hier will ich bleiben!
Mutter braucht mich, sie ist krank und kann schlecht aufstehen.
»Ich bin so froh, dass ich dich habe, mein lieber, lieber Marcus«,
sagt Mutter oft zu mir.
Ich war im Garten, als es losging, als die Erde bebte. Der Boden kam
zu mir hoch gesprungen und hat mich umgeworfen, überall hat es
laut gekracht, unser Haus ist eingestürzt! Ich bin aufgesprungen und
zu Mutter gerannt. Da lag sie unter dem großen Säulenstein,
ihr Kleid und ihr Arm schauten darunter hervor.
Ich habe geschrien und geweint. Azusa kam vorbei, sie schrie mir zu:
»Lauf, Marcus, raus hier, rette dich!« Aber ich will nicht, ich bleibe
hier, ich habe ihr nicht geholfen, ich war nicht da, als sie mich
brauchte. Ich will auch tot sein!
Da ist der Fußboden wieder hochgesprungen und die Wände kamen
auf mich herunter.
Mutter ich lass dich nie, nie mehr allein, auch wenn du mich
wegschickst. Ich bleibe immer bei dir und helfe dir, zu fliehen.

Friedliches Sterben

Russland

Ich liege in einem prächtigen Himmelbett in einem russischen
Gemach mit wunderschönen Schnitzereien an Türen und Fenstern,
die Wände strahlen in leuchtendem Blau, Grün und Gold.
Ich bin eine sehr junge Frau und habe gerade ein Kind geboren,
den ersehnten Stammhalter; ich bin darüber sehr glücklich und stolz.
Ich habe das Gefühl, meine Pflicht erfüllt zu haben, nun kann ich in
Ruhe sterben.
Ich muss sterben, das weiß ich, aber das tut mir nicht Leid und macht
mir keine Angst.
Es ist ganz still um mich, nur ab und zu schluchzt jemand
hinter den Bettvorhängen leise und verhalten.
Mich erfüllt eine schwingende friedliche Ruhe.
Da beginnen auf dem weiten Hof unter meinem Fenster,
Mönche mit ihren tiefen, kräftigen, wunderbaren Stimmen zu singen.
Der harmonische religiöse Gesang erfüllt mein Herz zutiefst.
Ich habe das Gefühl, sie singen für mich, um meine Seele zu geleiten.
Ich fühle mich leichter und leichter werden und schwebe auf den
Tönen immer höher und höher in einen blauen Himmel.
Die Mönche geben mir mit ihrem Singen Geborgenheit und Frieden,
sie begleiten mich, ich bin nicht allein ...

*Selbst jetzt muss ich in Erinnerung heulen, weil es so unbeschreiblich
friedlich und schön war, auf diese Weise im Sterben geleitet und
begleitet zu werden. Diese Vision, dieses Erlebnis nach der Atemsession
war ein ergreifendes Geschenk!*

Tod in der Taiga

Wir Gefangenen marschieren in Zweierreihen auf dem schmalen Weg durch den Wald, wir bilden eine vor Erschöpfung und Kälte schwankende Kolonne.

Die Aufseher mit Peitsche und Gewehr traben hoch zu Ross links neben uns vor und zurück.

Es hat geschneit, der Schnee klebt in Klumpen an den Stämmen der Birken und am Gesträuch, die schwarzen blinkenden Tümpel im sumpfigen Gelände beginnen, sich langsam mit Eis zu bedecken.

Hier ist an Flucht nicht zu denken.

Ich denke an den Tod, immer sehnsuchtsvoller:

Nicht mehr gehen müssen in den nassen steifen Schuhen, umfallen, liegen bleiben, erschossen werden wie schon so viele meiner Kameraden, endlich Ruhe finden!

Ich denke an unsere blaue Holzhütte im Dorf, an die Wärme hinter den kleinen Fenstern, an das Summen und Schimmern des alten Samowar und an Mareschka.

Mareschka! Mareschka mit dem dicken Zopf, wie sie mit so unnachahmlichem Schwung ihr warmes dunkles Wolltuch um Kopf und Schultern schlingt, bevor sie in den Schnee hinaustritt.

Dein liebes Gesicht werde ich nicht wiedersehen, Mädchen, du wirst vergeblich auf mich warten! Dein Liebster kommt nicht mehr nach Hause — er ist gestorben, erschossen.

Ich lasse mich zur Seite sinken, wehre die Kameraden ab, die mir aufhelfen wollen.

Mareschka, dein liebes Gesicht nehme ich mit in den Tod als Stern in der Dunkelheit!

Die Wachen sind aufmerksam geworden. Ich schließe die Augen, höre das Schnauben des Pferdes und einen kurzen, abgehackten Knall in fühlloser Schwärze.

Der goldene Vogel

Ich bin ein junges Mädchen in einem langen, weißen Gewand.
Heute ist mein 12. Geburtstag.
Ich stehe vor einem großen, runden Zelt. Es ist das prächtige Zelt
meines Vaters mit naturfarbenen und roten schweren Vorhängen.
Da gibt es das Geräusch, als würde ein schwerer, an Metallringen
hängender Vorhang an einer Messingstange beiseite geschoben.
Ich kann wie durch eine Türe in den schmalen Vorraum des Zeltes
schauen und erblicke vor mir in Augenhöhe auf einem roten
Seidenkissen das Geburtstagsgeschenk meiner Eltern:
Es ist ein wunderschöner Vogel aus schwerem, schimmerndem Gold.
Mir stockt der Atem vor der Schönheit dieses Vogels,
er ist ganz schlicht und wirkt doch so lebendig und edel!
Ich muss vor Freude weinen, ich weine vor Glück und Schmerz
zugleich, weil mir das Herz weit aufgeht.
Ich fühle die große Liebe meiner Eltern zu mir und meine Liebe zu
meinen Eltern.

Diese Liebe ist so weit und innig, wie ich sie noch nie in meinem Leben
gefühlt habe und sie jetzt als dieses Wüstenmädchen fühlen darf.
Unbeschreiblich!
Ich habe während meines ganzen Lebens nur einen kleinen Bruchteil
dieses gewaltigen Spektrums der Liebe gekannt und gefühlt, wie ich sie
jetzt erlebe. Ich weine ohne Ende vor Glück.
Der Anblick dieses Vogels und das damit verbundene weite Gefühl von
Liebe ist seitdem unauslöschlich in meinem innersten Herzen lebendig.

Traum vom Häuschen unter der mächtigen Plantane

Ich bin ein sehr junges Mädchen, schön und sanft.
Ich stehe vor der Tür meines alten Häuschens und warte.
Über mir und der Hütte breitet schützend und mütterlich die uralte
Platane ihre Äste und Zweige; ich stehe in ihrem kühlen Schatten.
Die weißen Felshänge ringsum flirren in der Sonne.
Ich stehe ganz still, erfüllt von Liebe und warte auf ihn, auf ihn,
der so schön und gut ist!
Mein ganzes Wesen ist durchdrungen und erfüllt von dieser
tiefen Liebe.
Ich fühle mich ernst und staunend hingegeben an dies schwingende
Gefühl und an mein Warten.

*So unschuldig rein und weich, so mädchenhaft verletzlich habe ich
mich noch nie gefühlt.*
*Es war, als sei ich dem Urbild einer von der ersten Liebe erfüllten
jungen Frau in mir begegnet.*

89

Mit dem Meister eingemauert

Ich habe mich entschlossen, mit meinem Meister in den Tod zu
gehen. Er wollte das nicht, aber ich will ohne ihn nicht leben.
Ich habe mit ihm schon so lange in dieser Höhle gewohnt,
keinen Tag will ich ohne seine Güte leben, ohne sein Lächeln.
Ich bin nur ein Junge und kann ihm nur wenig nützen,
aber die da draußen sollen wissen, dass er nicht allein steht.
Die Mauer wächst, die unsere Höhle verschließt. Wenn dann die Luft
knapp wird, werden wir uns hinlegen, ich am seiner Seite, ich werde
seine Hand auf meinem Haar spüren.
Aber jetzt packt mich doch schwarze Angst in dieser erstickenden
Dunkelheit.
»Kommen wir wirklich hier nicht wieder heraus?
Wie können sie das mit DIR machen?«
»Benutze deine Liebe als Fahrzeug, Sohn«, sagt er, und ich höre das
Lächeln in seiner Stimme ...

Der Kriegstanz

Die Musik während der Atemgruppe versetzt mich in ein Indianerlager.
Immer wieder hören wir von fern die Signale der weißen Soldaten.
Kampf steht bevor, ein Kampf auf Leben und Tod.
Ich bin einer von vielen, die um das lodernde Feuer tanzen, unsere
großen Trommeln erschüttern uns von innen und treiben unsere
Energien hoch wie aufgepeitschte Wellen.
Wir tanzen total, sind nichts als flammender, lebenssprühender Tanz:
So lebendig wie wir uns jetzt fühlen, voller Zorn und Lachen,
voller Lebensmut und Kampfeslust werden wir nie wieder sein!
Selbst wenn wir morgen im Kampf fallen, heute leben wir total in
diesem Tanz; jetzt schmecken wir Leben und Lebendigkeit,
allein für diesen Tanz hat sich das Leben gelohnt!
Jetzt sind wir auch bereit zu sterben. Leben und Tod sind eins, alles
andere ist abgefallen und unwichtig geworden.

Eisprinz und goldene Seide

Ich komme aus dem dunklen Gang der Zeitpyramide in eine mongolische Steppenlandschaft, über der Rauch und Zerstörung hängt.
Der Krieg ist vorbei.
Vor mir ein weißes Kriegszelt mit prächtigem Inneren. In diesem Zelt steht ein mongolischer junger Fürst in einer schwarzen Lederrüstung mit schimmernden silbernen Beschlägen. Er ist allein, steht reglos da, ihn umgibt eisige Kälte der Fühllosigkeit. Er scheint keine menschlichen Regungen mehr zu kennen, scheint nachdenklich erstarrt in Kälte und Schönheit, seine Grausamkeit hat etwas Unschuldiges und sein Machtstreben Eleganz, er ist wie in Trance.
Vor diesem Mann graut es mir, habe ich etwas mit ihm zu tun?
Ich fliehe, gleite und fliege über Steppe, Jurten und Hütten.
Ich will nach Tibet, dort lebt ein Meister, der das große Lachen kennt, nach ihm suche ich.
Ich fliege, gleite zwischen Häusern durch über Gärten und Klöster, aber ich finde den Meister nicht, von dem ich nur das gütige lächelnde Gesicht vor Augen habe. Doch schließlich komme ich an.
Ich stehe vor einer himmelhohen Treppe mit endlosen Stufen, da oben, zwischen den Wolken thront ER.
Ich sinke an der untersten Stufe nieder und fühle mich glücklich und traurig zugleich. Ich weiß, da hinauf in das goldene Licht werde ich niemals kommen können!
Da sehe ich plötzlich, wie von oben aus den Wolken etwas Goldenes herabfließt; wie Licht rieselt goldene Seide die Stufen herab bis zu mir.
Ich bin reglos vor Staunen.
Da umhüllt mich die Seide, hebt mich sachte auf und umschließt mich wie ein Kokon. Ich fühle mich getragen und geborgen und löse mich auf in Glückseligkeit.

(Salzburg im Trainingsjahr 1993)

Der Klosterhund (Traum)

Ich bin nur eine Touristin, würde aber gern für einige Zeit hier im
Kloster bleiben. Um eine Erlaubnis dafür zu bekommen, muss ich
vor einem Gremium von Mönchen eine Prüfung bestehen.
Ich bin sehr aufgeregt und frage mich, was sie wohl von mir wissen
wollen. Bleibe bloß bescheiden, sage ich bei mir.
Ich muss in einem langen dunklen Gang auf einer Bank warten,
bis sie mich rufen. Da kommt ein großer zotteliger Hund mit hellem,
fast rosa Fell auf mich zu gerannt, er bellt nicht, bleckt aber die
Zähne. Er hat etwas sehr Lebendiges, Verspieltes an sich; alles an
ihm ist in Bewegung, er erinnert mich an einen »elektrischen«
chinesischen Drachen.
Ich überwinde meine Angst und strecke die Hände nach ihm aus,
um ihn zu kraulen. Er kommt, lacht mich an, lässt sich zausen und
reibt seinen Kopf an meiner Seite, dann springt er davon. Ich werde
erst nach einiger Zeit des Wartens gerufen. Mit Herzklopfen betrete
ich den Raum, der wie ein Gerichtssaal aussieht mit verschiedenen
Rängen voller Mönche mit ernsten Gesichtern. Alle schauen auf mich.
Bescheiden setze ich mich unten auf eine kleine Bank, wie auf eine
Anklagebank.
Die Mönche sagen nichts, es herrscht Schweigen, nur mein aufgeregter
Herzschlag dröhnt in meinen Ohren.
Da geht die Tür auf, der große Hund kommt angesprungen.
Als er mich sieht, stürzt er sich auf mich und lässt sich hechelnd
kraulen!
Alle Mönche lachen laut auf, und ich habe die Prüfung bestanden.
Ich darf bleiben.

Die Rune Peorth

Ich liege unter diesem seltsamen Baum neben dem Eingang
zur unteren Welt. Es ist Nacht, vom Vollmond erhellte Nacht mit
nachtblauem Himmel und weiß beschienenem Wolkenberg.
Ich liege unter diesem halb abgestorbenen, aber sehr lebendigen
Baum und bin erschöpft.
Der obere Ast, der eigentlich den Vollmond hält, wird plötzlich
lebendig, er greift sich aus dem Mond eine alte, graue Wölfin, beugt
sich zu mir herab und legt mir das Tier mit seinem Rücken – es hat
die Beine müde nach oben gestreckt – auf Brust und Bauch.
Ich fühle das Alter und die große Müdigkeit dieses Tieres, mein Herz
ist voller Mitgefühl, ich umfasse das Tier mit beiden Armen und
drücke es an mich.
»Du und ich – wir beide sind gleich!«, sage ich zu der alten Wölfin,
»wir müssen uns was Gutes tun! Du brauchst zuerst was zu Fressen.«
Nach einer Weile stehe ich auf mit dem Gefühl, das schwere Tier
an mich zu pressen, gehe hinunter in die Küche und löffele ihm/mir
kalten Eintopf vom Mittag hinein, auch ein Stück Käse und Apfelmus.
Ich habe das deutliche Gefühl, ab jetzt für dieses Tier verantwortlich
zu sein. Es macht mir Spaß zu denken, dass eigentlich ich diese Wöl-
fin bin und dass ich uns schon wieder auf die Beine kriegen werde.
 In der Nacht träume ich, die alte graue Wölfin ist wieder gesund und
stark: Sie steht auf ihren Beinen und trägt mich, die ich auf ihrem
Rücken sitze und liege.
Sie beginnt sogar, mit mir durch den Wald zu rennen, ich fühle den
Wind um mich wehen und reite auf ihr durch die nächtlichen Wälder.
Das ist sehr befreiend und lustvoll!

*So ist mein erstes Krafttier zu mir gekommen und begleitet mich
seitdem in vielen Träumen und Sessions.*

Der Eichengeist

Ich hatte im Gut einen alten, mächtigen Eichbaum, der hinter den Wirtschaftsgebäuden an einem Bach steht, gesehen und erlebt.
Vor der Trommelreise bewegte mich die Frage, wohin ich gehen soll, warum ich nicht hier bleiben kann?
Als Antwort stand ich während der Reise sofort unter dem Eichbaum. Aus dem Schatten des Geästs beugte sich der Eichengeist zu mir herab, es war ein älterer dunkelhaariger Mann mit braunem spöttischem Gesicht.
Er fragte lachend: »Wie kannst du dich wundern, dass du nicht weißt, wohin du gehörst, wenn du nicht für dich sorgen kannst? Schau mich an; ich habe hier alles, was ich zum Gedeihen brauche: den Bach zu meinen Füßen und Raum, um mich zu entfalten in Sonne und Wind. Niemand engt mich ein!
Und was brauchst du zum Gedeihen?«
Die Wahrheit dieser Worte traf mich zutiefst! Ich erkannte, dass ich bisher unfähig gewesen war, wirklich für mich zu sorgen und dass es völlig gleich ist zu bleiben oder zu gehen. Ich musste erst einmal lernen, das für mein Gedeihen Notwendige herauszufinden.

Alle diese Bilder oder Erlebnisse (sei es nach Atemsessions, beim Trommeln oder in Träumen) sind mit sehr realen tiefgreifenden Gefühlen verbunden, die anschließend noch lange durch Trauer oder Glück körperliche und seelische Nachwirkungen haben.
Sie sind für mich realer als die Alltagswelt.

Der Weg zu den Krafttieren

Der Eingang führt in die untere Welt durch die hohle Eiche,
dann geht es weiter durch Erde, Felsen und Dunkelheit bis
ans graue Licht des Strandes am Nordmeer.
Diesen Weg bin ich bei vielen Trommelsessions gegangen,
um nach und nach all meinen Krafttieren zu begegnen und
sie auch öfter um Rat zu fragen.
Folgendes Bild ist das »Ergebnis« von etwa 6-8 Reisen in die
»untere Welt« mit den schnellen Tönen von Ulrikes kleiner Trommel
aus Echsenhaut. Aber auch ohne Trommel kann ich jetzt jederzeit
dorthin gelangen.

Kreis der Krafttiere am Nordstrand

Ein steiniger Strand mit Felsen auf der rechten Seite. Vor mir liegt das
weite, grüngraue Nordmeer. Wenn alle meine Tiere beisammen sind,
sieht das so aus:

Ich stehe in der Mitte der Bucht mit Blick auf das Meer.
Vor mir im tiefen Wasser Großmutter Walfisch, sie hat Erfahrung, im
»Meer der Tränen« zu tauchen, das ist ein tiefer Reinigungsprozess.

Links neben mir sitzt meine graue Wölfin, sie ist immer mit dabei
und mein treuester Kamerad.

Ich trage vor mir auf der Hand oder auf der Schulter mein Rotkehl-
chen. Es ist der Liebesbote meiner Mutter und meiner Kinder.

Hinter mir auf meinem Rücken sitzt die kleine schwarze Fledermaus, sie kann die spitzen Zähnchen zeigen, wenn sie boshaft zischt und kichert.

An mein rechtes Bein schmiegt sich der kleine, grüne Waran, er ist wie ein Hund sehr flink und lebendig. Hier fühlt er sich nicht sehr wohl, weil es hier kein Gras und keinen Farn gibt. Er liebt es, durch Wiesen und Wälder zu sausen, wenn Pflanzen dabei an ihm entlang streichen.

Rechts auf einem hohen dunklen Felsen sitzt mein Adler.
Er liebt seine Freiheit und hört nur auf mich. Er hat mich schon oft auf seinem Rücken über das Land getragen und mir seinen scharfen Blick geliehen.

Als letzter steht rechts von mir im Meer bei den blauen Felsen wie eine Fatamorgana der gewaltige Elch. Wenn er gebadet hat und sich aus dem Wasser erhebt, strömen glitzernde Bäche und Wasserfälle an ihm herab. Er hat eine tiefe, gütige Stimme und wenn er lacht, blitzen goldene Zähne in seinem Maul unter der großen Nase.
Seine Ratschläge sind immer voll Humor.

Ich liebe alle meine Tiere und sie lieben mich. Jedes hilft mir auf seine Weise mit seinem Rat und seiner Sicht der Dinge.
Auch im Alltag kann ich mich mit ihnen verbinden, aber nur am Nordmeer treffen wir uns zu den wichtigsten Konferenzen.
Immer wieder gesellt sich auch der Geisterbär zu mir, vor allem bei Übungen in Höhlen, er ist ein Heiler.

Seit zwei Jahren spielt auch das Tagpfauenauge eine Rolle für mich, es ist sehr feinsinnig und empfindet den feinsten Lufthauch und Duft.

Buddha als Schutzschild

Ein anderes Mal reisten wir in die obere Welt, auch das war ein sehr heftiges Erlebnis, weil ich mich eine ganze Zeit lang unerträglichen Strahlen des Kosmos oder Gottes ausgesetzt fühlte. Ich erlebte es als eine Erlösung, als sich das gewaltige, riesige Bild Buddhas im Lotussitz wie ein wohltuender Schutzschirm vor die Strahlung schob. Nur sein Herz war wie ein Tor offen und bündelte das Licht in gerade noch erträglichem Maß.

Buddha als Schirm und Schutz für uns Menschlein gegen die Urgewalt der Strahlung Gottes.

Ich lebendiges Stäublein weiß, wohin ich im Kosmos gehöre, mit dem schwachen Abglanz der Liebe in meinem kleinen Herzen.

Der rubinrote Kristall

Ich bin in meiner Mineral-Mine in Sri Lanka, einer tiefen Erdgrube.
Zwischen grünem und gelbem Sand und Lehm finde ich einen hand-
großen, schweren Stein, der wie eine Schüssel geformt ist.
Nach dem Spülen sehe ich, dass darin Kristalle wachsen von einem
tiefen, klaren Rubinrot.
Dieser Anblick ist von einer solchen Schönheit, dass mir das Herz
aufgeht und ich meine Tränen nicht zurückhalten kann. Meine Tränen
tropfen wie kleine weiße Perlen zwischen die Kristalle und ich bin
staunend in den klaren, tiefroten Schimmer versunken.
Da kommen Leute zu meiner Mine herauf; alle meinen, ich müsse
diesen Stein unbedingt zu einem guten Schleifer bringen. Gold und
Silber müssten geschmiedet und Steine müssten geschliffen werden,
um ihr inneres Feuer zu befreien.
»Nein, nein, niemals!«, rufe ich aus, »dieses Geschenk der Mutter
Natur muss unberührt bleiben, das Schleifen würde die Kristallgruppe,
würde alles zerstören! Mir reicht das Feuer und Licht in diesen
Steinen für mein ganzes Leben!!«

Die Lehre von San Pedro

Ich stehe in der Wüste neben einem hohen Säulenkaktus und frage
ihn: »Wie kannst du hier im Sand zwischen Steinen und Felsen so
hoch aufgerichtet stehen?
Wie kannst du die heißen Wüstentage und die kalten Wüstennächte
überstehen und auch noch wachsen ohne Wasser in manchen
Jahren? Du hast doch keine starken tiefen Wurzeln?«
Da antwortet mir der Kaktus: »Ich richte mich auf an den unsicht-
baren Energien, die aus der Erde aufsteigen und bis in den Himmel
reichen.
Ich brauche kein Wasser, ich trage alles, was ich brauche, in mir und
manchmal erfrischen sich meine zarten Wurzeln an einem süßen,
frischen Hauch, der aus dem Untergrund, aus der Erde, aufsteigt.
So überlebe ich.
Wenn du Wüsten-Zeiten überstehen willst, öffne deinen Geist
den unsichtbaren Energien und Kräften um dich herum.
Denke daran, dass du alles, was du brauchst, in dir trägst.«

Der Stein im Nordwald

Ich bin ein großer, glatter, dunkler Stein oder Felsbrocken wie ein Findling und liege halb vergraben in der Erde eines Waldhanges zwischen Farn und Holzstümpfen. Es ist eine nördliche Waldlandschaft, der Stein aber ist unter der Schicht von Moos und Flechten warm ... Geborgenheit ...
Völlige Unbeweglichkeit, aber innerlich sehr lebendig und aufnahmefähig.
 Ich nehme die Pflanzen und Tiere meiner Umgebung (Kaninchen, Hirsch, Adler ...) wahr.
Ich höre Musik als eine Kette von Tönen, Tonmischungen und Geräuschen, die über mich hinwegziehen wie der Wechsel von Wetter und Jahreszeiten. Anfangs erzeugt sie in mir Bilder von runden oder sternförmigen Strukturen aus farbigen Kristallen, sehr dicht gelagert.
Zeitweise fühlte ich heftige Schmerzen in der Wirbelsäule wie einen Riss oder Spalt in meinem Gestein ...
Die Hauptempfindung aber ist dies warme unbewegliche In-mir-Ruhen und ich frage mich, ob sich Steine wohl tatsächlich so fühlen.
Die Musik weht über mich hin und erzeugt Bilder und Gefühle; es ist, als nähme ich jeden Ton in Zeitlupe wahr, der in mir eine Resonanz erzeugt, das geht über Stunden so.

Heilige Schlangenaugen und Mondmilch

Es ist sehr dunkel in diesem Wald. Ich bin umringt von meinen Tieren, allen voran die graue Wölfin. Wir bewegen uns als helle Gruppe irgendwie ruckweise durch diese fremde Dunkelheit. Schließlich bleiben die anderen stehen und nur die Wölfin und ich gehen langsam weiter, bis uns der große Fuß eines riesenhaften Baumes den Weg verstellt. Wir stehen unter einer großmächtigen grausilbrig schimmernden Esche, weit oben das erste Stockwerk ihrer Äste. Ich fühlte mich erfasst von dem starken Aufwärtsstreben der Energien dieses Baumes und hebe wie ein Kind, das auf dem Arm der Mutter will, sehnsüchtig die Arme hoch.

Da erkenne ich plötzlich eine riesige samtschwarze Schlange, die sich in Ringen um den Stamm gewunden hat und mir mit einem gütigen Neigen ihres Hauptes die Erlaubnis gibt, die elastischen Ringe ihres Körpers als eine Art Wendelleiter zum Aufwärtssteigen zu benutzen. Der Schlangenkörper fühlt sich unter meinen Händen angenehm kühl und straff an und ist tiefschwarz. Ich steige höher und höher bis auf den ersten waagerechten Ast der Esche. Da stehe ich an den Stamm gelehnt. Die Schlange wendet mir in gleicher Höhe mit mir mit einem liebevollen Neigen ihr großes Haupt zu, das hat etwas sehr Mütterliches. Sie öffnet ihre Augen und sieht mich an.

Es ist ein Blick, den ich in meinem Leben nie mehr vergessen werde! Ihre schrägen Augen sind wie von strahlenden Diamanten und Saphiren umsäumte silberne Tore, durch die wie durch einen schmalen Spalt ein überirdisches goldenes Licht dringt, das mich durch seine Liebe und Güte völlig überwältigt. Es reißt mir das Herz weit auf und meine Augen strömen in Tränen.

Ich stehe da, klein und bebend und finde nur Halt an dem mächtigen Stamm hinter meinem Rücken. Dann schließt das Schlangenwesen diese leuchtenden, göttlichen Augen wieder, hebt den Kopf hoch empor und fliegt mit kraftvollen, schwingenden Bewegungen hoch hinauf durch den Baum in den sternglitzernden blauen Nachthimmel.

Erst nach einer langen Zeit kann ich mich von der Heiligkeit dieser
Begegnung wieder fassen.

Ich gehe tief in die Knie, stoße mich von dem Ast ab wie ein Taucher
vom Meeresgrund, wenn er an die Wasseroberfläche hinauf will, und
fliege, springe oder »schwimme« geradewegs hinauf zum nächsten
Ast; ich fliege durch dies Baumstockwerk, das so weit wie ein eigener
Kosmos ist. Ich erkenne, dass die silberbleichen Samenbüschel der
Esche eigentlich Wolken voller Engel, Lichthüllen voll zarter Wesen,
gallertartige Blasen voll gefangener Wesen sind.

Ich erreiche den nächsten Ast und wieder den nächsten immer
durch Zusammenziehen, mich Abstoßen und dann Hochrecken und
Emporfliegen jedes Mal wie durch nachtdunkle Welträume in einer
sich immer wiederholenden gleichförmigen Bewegung.

Erst weit oben im dichten Gezweig der Krone komme ich zum Halt,
zu einem Stillstehen mit weit ausgespannten Armen und Beinen.
Über mir hängt die gold-silberne Mondsichel wie eine Schale im
Gezweig, sie ist mit etwas Weißem, Glitzerndem gefüllt.

Ich hebe mein Gesicht sehnsuchtsvoll hoch nach oben, und als ob
diese Sehnsucht ausreiche, um ein Wunder geschehen zu lassen,
neigt sich die Mondschale und schüttet einen kleinen Wasserfall
von dieser weißen glitzernden Flüssigkeit zu mir herab.

Ich öffne den Mund, fühle die kühle Flüssigkeit darin, fühle sie durch
die Kehle rinnen, fühle, wie sie meine Brust erfüllt und sie weit und
heiß macht. Voll Glück und Freude bringe ich einen hellen Ruf wie
von einem Vogel hervor. Ich verneige mich und springe mit einer noch
nie zuvor erlebten Leichtigkeit und Lust durch all die vielen Räume
dieses Baumes hinab und hinab und lande schließlich in Laub und
Gras auf der Erde. Dort angekommen, Hände und Knie fest im Gras,
bleibe ich hocken, völlig still und unbewegt, kippe nach einer Weile
auf die Seite um und bin fest eingeschlafen.

Wieder aufgewacht verspüre ich eine große Sehnsucht, das Erlebte
zu malen, aber wie? Wie? Man müsste es filmen können!
In der Zwischenzeit habe ich schon einige Versuche gemacht, dies
Erlebnis zu gestalten, bin aber nie fertig geworden. So kann ich wohl
nur versuchen, es wie hier erst einmal aufzuschreiben.

Gesang des Gefangenen aus der Tiefe

Ich bin beides, der im dunklen Verlies an die Steinmauer angekettete Gefangene und der in Freiheit diesen Gesang hörende und wahrnehmende Mensch: — Ich schmachte hier schon so lange nach Luft und Licht und danach, meine Glieder bewegen zu können! ...

Aber die Brust kann ich noch dehnen! Ich stoße einen lauten Schrei aus, es ist mir gleich, was die Wachen tun werden. Als ob dieser Schrei meine Sehnsucht befreit hätte, fange ich an, laut, so laut ich kann, zu singen.

Ich lasse alle meine Gefühle zu Gesang werden, sie strömen aus meiner Brust, meiner Kehle nach oben aus dieser vergitterten Gruft, aus diesem Kerker hinaus in die Freiheit, in den Himmel.

— Diesen Gesang sehe ich in farbigen, aufsprühenden Bögen, Spiralen und Linien aufsteigen. Sie kommen aus der dunklen Tiefe, durch das blauschwarze Gitter emporgeströmt und bilden eine Kathedrale aus Licht und Farben in Gold, Grün, Blau und Violett. Dieser Gesang aus der Tiefe befreit auch mein Herz zu lebendigem Strahlen.

Ich sehe die Schönheit der Seele, ihre Lebendigkeit, ihr Leuchten.

Der Gesang des Gefesselten formt Flügel, die seine Sehnsucht zu den Sternen tragen.

Ich verstehe: Ich bin in Schmerzen gefesselt und gefangen, aber trotz allem ist meine Seele frei und kann leben. Ich weine vor Freude.

Die Mikrobe

Ich habe das Gefühl, mich aufzulösen, mein Wesen, »meine Form«
zu verlieren. Ich bin in eine Welt geraten, in der es keine vergleichba-
ren menschenähnlichen Gedanken, nur Vorstufen von Gefühl gibt.
Es ist ein Ausgeliefertsein in irgendwelchen Erd- oder Sandschichten.
Ich fühle mich innerlich stachelig und aggressiv, aber außen herum
gallertartig formlos und von allem Drumherum beeinflussbar.
Da ist ein riesiges, braunes egel- oder schlangenartiges Wesen,
das mich mit einem großen Maul einsaugt und wieder ausscheidet.
(Gleichzeitig hörte ich, dass eine sehr tiefe Didgeridoo-Musik läuft.)
Ich habe das Bild von Reihen gefährlicher, giftiger Stacheln, von Sand,
von gelben und schwarzen Ebenen, die durcheinander kippen und
bei allem das Gefühl, immer und immer wieder eingesaugt und
ausgeschieden zu werden von einem »Regenwurm« in Größe eines
Leuchtturms ... scheußlich!!
Ich habe gezittert und gebebt noch stundenlang in der Nacht
und kriegte mich nicht zusammen, obwohl ich gleichzeitig wusste,
dass ich im Gruppenraum lag. Gleichzeitig war ich aber auch wieder
nicht vorhanden.
Da ertönte die »Tibetiya« und ich fing an zu heulen wie verrückt,
weil es so eine Erlösung war, wieder eine Ahnung von etwas
Menschlichem zu kriegen.

*Es hat lange gedauert, bis ich wieder ich war und jedes Mal, wenn
ich an diese Session denke, lebt der Schauder, ein so formloses Wesen
zu sein, wieder auf aus meinen Knochen, gleichzeitig aber auch das
Glücksgefühl, ein Mensch zu sein. Als auf der CD das Kind »Djai Krish-
na« sang, konnte ich mich kaum fassen. Welche Gnade ist es, als Kind
geboren zu werden! Jedes menschliche Elend und Leid ist hundertmal
besser zu ertragen, als eins von den unzähligen Wesen »da draußen«
oder in uns selbst zu sein, die ohne Bewusstsein ihrem Dasein ausge-
liefert sind; und es gibt so unbegreiflich viele davon!!*

Der weinende Gott

Vor mir entstehen Bilder von großer Schönheit: Kathedralen mit
hoch aufragenden Pfeilern und Säulenbündeln, braunglänzendes,
kunstvoll geschnitzter Kirchengestühl, Altäre mit Kerzen und
Blumen geschmückt, goldene Ikonenbilder, mittelalterliche
Gemälde in leuchtender Farbigkeit, verschlungene Steinmetzarbeiten
und immer wieder nordisch keltische Muster und Schnitzereien.
Mein Blick wandert nach oben an seltsamen lebendig wirkenden
kleinen Dämonenfiguren vorbei, die rosig und nackt auf den Rändern
der Kapitelle sitzen und nach unten oder oben schauen, als wollten
sie gleich losspringen.
Da sehe ich plötzlich, dass der Schlussstein im hohen Gewölbe einen
Mann mit wallendem Bart und Haar zeigt. Es ist Gott. Er weint.
Aus seinen Augen ergießen sich Ströme von Tränen. Ich erkenne,
dass das ganze Gewölbe von diesen Tränenströmen gebildet wird.
Die Tränenbäche – zum Teil auch blutig rote – strömen herab, löschen
die Kerzen auf dem Altar und umspülen den schwarzen Altar-
Steinblock. Das plumpe, schwarze Kreuz auf dem Altar hat hohe
violette, gefährlich spitze Auswüchse bekommen, die das menschliche
Schemen hinter den Tränengewölben an Händen und Herz durchbohren,
so dass rotes Blut aus den Verletzungen fließt.
Die goldene Schale auf dem Altar dagegen ist mit Farbe, künstlichem
Blut gefüllt.
Auch die dunkle Gewölbeglocke über dem weinenden Gesicht ist
künstlich und schottet vom goldenen Licht draußen ab.
Ich bin tief bewegt von der Botschaft in diesen Bildern und höre eine
Stimme, die sagt: »Lasst endlich den weinenden Gott frei!«
Da sehe ich auf dem steinernen Sims vor einem der Kirchenfenster
eine von den kleinen rosa Dämonengestalten stehen.
Ich öffne das Fenster, ein Winterbild mit alten, kahlen Linden tut sich
auf. Kalte durchsonnte Luft strömt herein.
Ich rufe der Gestalt zu: Spring, spring in den Wind!«
Und die kleine Gestalt springt mit hoch erhobenen Armen ins Licht
der Wintersonne.

Die Alkoholschlange

»Ich will für euch kämpfen, Kinder, Enkelkinder!«
Ich warte vor dem Wurzelwerk unseres Familienbaumes auf sie, auf
diese unselige Schlange, die schon seit Generationen hier wohnt.
Ich warte. Da endlich erscheint sie, grün-gelb und schwarz gemustert,
sie gleitet zwischen den Wurzeln hervor auf mich zu. Sie ist armdick,
aber mich packt der Mut der Verzweiflung, so lange habe ich gelitten,
das soll nicht in die nächste Generation mitgeschleppt werden!
Ich fasse die Schlange hinter dem Kopf und würge sie mit all meiner
Kraft. Mir kommt es vor als hielte ich nur noch ihre sich windende
Wirbelsäule zwischen den Fäusten.
Ich schreie ihr gellend und schrill ins Gesicht, aber sie legt nur den
Kopf schief und schaut mich traurig an.
Ich erkenne ernüchtert, dass ich ihr nichts anhaben kann.
Sie hat mit mir nichts zu schaffen. »Da müssten andere kommen!«
Entsetzt schleudere ich sie weit von mir, und sie schlängelt sich
davon, als sei nichts gewesen. Schließlich verschwindet sie zwischen
Wurzeln und Steinen.

*Ich zittere, fühle mich ohnmächtig und enttäuscht und muss wieder
einmal lange hilflos heulen.*

Im Viehwaggon

Die Musik versetzt mich in einen vollen Viehwaggon. Ich sehe Kühe und Kälber dichtgedrängt stehen. Sie haben die Köpfe halb gesenkt und blicken aus großen, angstvoll aufgerissenen, dunklen Augen! Noch bevor ich weiß, ob ich so eine Kuh bin, wechselt das Bild.
Ich hocke in dem Viehwaggon zwischen Gefangenen. Der dunkle Raum ist vollgepfercht mit Menschen: Männern, Frauen und Kindern. Nur durch die schmalen Schlitze an den Seiten dringt Licht und etwas Luft herein. Es stinkt. Auf dem Boden fließen dunkle Pfützen von Urin sachte hin und her. Darin stehen die meisten Erwachsenen dicht aneinander gedrängt. Ohne richtigen Halt werden sie von der schaukelnden Bewegung des Zuges hin und her geworfen, sie können sich nur aneinander abstützen.
Kinder und manche Frauen weinen, manche können nicht mehr stehen und hocken auf dem nassen Boden. Wer einen Platz an der Wand hat, lehnt sich für eine Weile erschöpft an, bevor er wieder in die Mitte muss, weil andere kurz vor dem Zusammenbrechen sind. Die Kinder stehen klein und verloren zwischen den Erwachsenen, krampfen sich an der Mutter fest, das Gesichtchen in ihren Mantel gepresst.
Selbst die ganz kleinen Kinder können kaum noch auf dem Arm gehalten werden. Die Erwachsenen lösen sich beim Tragen ab. In mir wühlt schmerzende Trauer und Angst. Ich habe mich noch nie so ausgeliefert und ohnmächtig gefühlt! Die Schwäche, die Schmerzen in den zitternden Beinen und das Gefühl, gleich ersticken zu müssen, verdichten sich zu schwarzem unerträglichem Leiden.
Alles ist absolut sinnlos, dunkel und ausweglos. Ich bin auf mich selbst zurückgeworfen, es gibt keinen Weg heraus.
Da stöhnt die schwangere Frau neben mir auf und schluchzt. Ich empfinde unendliches Mitleid mit ihr, streiche ihr übers Haar und

nehme ihre Hand. Während ich meinen Arm um ihre Schulter lege, spüre ich, wie sich mein Leiden verflüchtigt.

»Das ist der Weg heraus!«, schießt es mir durch den Kopf. Wenn ich mich dem Leiden des Menschen neben mir zuwende, bin ich von mir selbst erlöst!

Während ich die Frau neben mir im Arm halte, weinen wir beide und schluchzen aneinander gelehnt.

Da spüre ich, dass jemand meine Hand ergreift und hält.

Es ist wie ein Wunder! Ich erfahre Zuwendung im gleichen Augenblick, als ich erkenne, dass Zuwendung zum anderen der einzige Ausweg aus dem Dunkel des eigenen Leidens ist.

Die Kapelle mit den Engeln

Ich bin weit hinaufgestiegen am Berge »I«. Ich komme zu einer hoch und steil aufragenden Felswand. In ihrem Schutz liegt ein grünes Wiesenrund. Darauf ist eine weiße, sechseckige Kapelle mit rundem spitzen Dach erbaut. Sie leuchtet hell in der Mittagssonne. Weiße Stufen führen zu ihrer Tür.

Der Platz ist frühlingshaft grün und weiß mit dem hohen schützenden Felsrund dahinter!

Leise öffne ich die Tür und stehe unvermittelt in einem Wunder.

Um den hellen Altarstein in der Mitte des Raumes sitzen sechs große Engel mit grüngoldenen Gewändern und Flügeln. Sie sitzen um die sechseckige Basis des Altars in Meditation, die Augen geschlossen, die Hände auf den Knien.

Es ist sehr still im Raum. Auf dem Altar funkelt in einer roten Kristallschale ein großer Diamant. Das Gewölbe hat über dem Altar eine Öffnung, durch die Sonnenstrahlen herabfallen genau auf den großen Kristall mitten auf dem Altar.

Das erklingt ein heller Glockenton und mit seinen Schwingungen wird alles lebendig hier drinnen. Der Diamant richtet sich auf und beginnt auf seiner Spitze zu kreisen. Tausende regenbogenfarbene Lichtpunkte sprühen aus ihm und wandern an den Wänden entlang.

Die Engel sind erwacht. Sie lächeln sich zu, richten sich von ihren Sitzen zum Knien auf, reichen sich die Hände und beginnen zu summen, jeder in seinem Ton, so dass eine sechsstimmige Harmonie erklingt und durch den Raum schwebt.

Das Tönen schwillt an, die Engel haben sich jetzt hoch aufgerichtet, ihre Schwingen ausgebreitet und ihre Gesichter erhoben, die Augen im Licht, das von oben herabströmt. Wie in Ekstase tönen sie laut, beugen sich leicht zurück, halten sich aber immer noch bei den Händen.

Unter dem immer gewaltiger werdenden Getön öffnet sich plötzlich das Gewölbe und rollt sich nach außen auf wie eine erblühende Blüte. Das in Spiralen kreisende Lichtgefunkel vom Altar und der gewaltige Gesang dringen weit hinaus ins Land, denn auch die Wände haben sich nach außen gerollt.

Da sehe ich, dass an den roten Gewölberippen, die sich auch in Spiralen nach außen gerollt haben, noch weitere 6 Engel im Raum stehen. Sie sind kleiner und rosenfarben. Auch sie haben Arme und Flügel ausgebreitet und singen jeder seinen Ton, nur heller, wie eine Spiegelung auf höheren Ebenen. All dies ekstatische Tönen dauert eine ganze Zeit. Ich stehe immer noch an der Tür, singe mit und ein Schauer nach dem anderen durchrieselt mich.

Da erklingt wieder der Glockenton, das Zeichen für diese tönende, lichtsprühende Blüte, sich langsam wieder zu schließen. Die Wände klappen sich hoch und legen sich auf das rote Rippengewölbe, während der Gesang ganz allmählich leiser wird. Die Engel summen ihre Harmonie, stehen still an den Händen gefasst und lächeln sich zu. Dann lösen sie ihre Hände, knien nieder und sinken zurück auf ihre Sitze. Auch die kleinen rosa Engel sitzen auf ihren Plätzen vor den Gewölberippen.

Die Harmonien schwingen immer sanfter werdend durch den Raum, auch der Diamant ruht in seiner rotleuchtenden Schale.

Die letzten Sonnenstrahlen aus der Lichtöffnung in der Kuppel umspielen ihn.

Erfüllt von dem Erlebten stehe ich immer noch unbeweglich, die Engel sind schon längst wieder in Meditation versunken. Ich verbeuge mich schließlich tief in Demut und verlasse lautlos den Raum. Draußen stehe ich noch lange, den Blick auf das sommerliche Land weit da unten gerichtet. Langsam beginne ich, noch ganz erfüllt vom Erlebten, den Abstieg zum Wald.

(Aus einer meiner Herzchakra-Meditationen)

Leitsprüche unserer Familie

»Wenn alles zerbricht,
niemals das innere Licht.«

*Dieser Spruch hat meinen Vater durch schwere, dunkle Zeiten –
im Krieg an der Front, in Stalingrad, während seiner Verwundung
und Gefangenschaft – begleitet, getröstet und gestärkt.
Er glaubte an die Unsterblichkeit der Seele.*

»Ein Unglück, und sei's noch so groß,
trägt immer auch ein Glück im Schoß.«

*Mit dieser Überzeugung konnte meine Mutter als alleinerziehende Frau
mit uns Kindern in Krankheits-, Kriegs- und Flüchtlingszeiten guten
Mutes bleiben und das Beste aus ihrer Situation machen,
weil sie wusste, dass alles Dunkle eine helle Kehrseite hat,
die man herausfinden kann und die Hoffnung macht.*

*Diese Leitsprüche sind hier besonders
für meine Kinder und Enkel aufgezeichnet.*

Nachwort

Sechs Abschnitte oder Phasen haben mich in meinem Leben besonders geprägt:

Meine Kindheit in der ursprünglichen Natur von Bergen im Vogtland und Schneeberg im Erzgebirge, wo unsere Mutter mit uns Mädchen Wald und Feld durchstreifte und uns immer neue ihrer selbstverfassten Märchen erzählte, die wir noch heute lieben.

Meine Schul- und Studienzeit, in der ich mich mit Begeisterung in jede Art von Literatur vertiefte, – später im Studium dann auch in Psychologie – In dieser Zeit lernte ich meinen Mann kennen, der meine Vorliebe für diese beiden Gebiete mit mir teilte.

Die 10 Jahre mit unseren fünf kleinen Kindern wieder in idyllischer Natur eines Dörfchens im Ringgau. Diese Jahre waren die glücklichste, schönste und lebendigste Zeit meines Lebens.

Meine Zeit als Grundschullehrerin und Mutter von heranwachsenden Kindern: arbeitsintensive und problematische, aber erfüllte Jahre.

Die vierzehn Jahre, in denen ich meinen nach einem Schlaganfall schwerbehinderten Mann betreute, für uns beide eine schwere, mühsame Zeit der Auseinandersetzungen und des Umdenkens und Lernens.

Um in dieser Pflichterfüllung nicht unterzugehen, fand ich immer wieder neue Kraft in Seminaren und Kursen: In einem Trainingsjahr für Selbsterfahrung, in Yoga- und DanseVita-Lehrgängen, in holotropen Atemgruppen und in schamanischer Trance-Arbeit.

Jetzt nach dem Tod meines Mannes finde ich im Alleinsein wieder zu tiefer Ruhe und Freude zurück.

Ich freue mich besonders am Heranwachsen meiner sechs Enkelkinder und sehe in ihnen den Strom des Lebens in die Zukunft weiter fließen.

Diesem Strom vertraue ich nun auch dieses Büchlein an. Es wird darin treiben, vielleicht diesen oder jenen berühren, und dann sachte untergehen.

Ich aber habe mit ihm meine darin gebundene Vergangenheit losgelassen und fühle mich nun frei für alles, was das Leben bis zu meinem Ende noch bringen mag.

Danke für alles!

Renate Thümmel

Inhalt

Lieben – Leiden – Lernen

117

Gedichte aus der Welt der Unscheinbaren

Träume und Trommelbilder